El arte de la prudencia

Clásica
Humanidades

BALTASAR
GRACIÁN

EL ARTE DE LA PRUDENCIA

Adaptación e introducción de
J. Ignacio Díez

AUSTRAL

mr · ediciones

Obra editada en colaboración con Editorial Planeta – España

Diseño de la colección: Compañía
Diseño de la portada: Austral / Área Editorial Grupo Planeta
Imagen de la portada: Shutterstock
Composición: Realización Planeta

Bajo el sello editorial AUSTRAL M.R.
Avenida Presidente Masaryk núm. 111,
Piso 2, Polanco V Sección, Miguel Hidalgo
C.P. 11560, Ciudad de México
www.planetadelibros.com.mx

Primera edición impresa en España en esta presentación: enero de 2026
ISBN: 978-84-270-5479-0

Primera edición impresa en México en Austral: abril de 2026
ISBN: 978-607-39-4099-3

Impreso en los talleres de Impresora Tauro, S.A. de C.V.
Av. Año de Juárez 343, Col. Granjas San Antonio,
Iztapalapa, C.P. 09070, Ciudad de México
Impreso y hecho en México / *Printed in Mexico*

Biografía

Baltasar Gracián (Belmonte de Gracián, Calatayud, 1601 - Tarazona, 1658). Escritor y jesuita, fue uno de los grandes exponentes del Siglo de Oro español gracias a su particular prosa didáctica y filosófica, repleta de aforismos. Su estilo, muy personal y construido a partir de ingeniosos juegos de palabras y asociaciones de ideas, puede adscribirse a la corriente literaria del conceptismo. Se le considera un precursor del existencialismo y de la posmodernidad en nuestro país, y pensadores como Schopenhauer reconocen su influencia. Su obra cumbre es *El Criticón* (publicada en tres partes, en 1651, 1653 y 1657), toda una alegoría moral de la vida humana. Anteriormente había publicado *El Héroe* (1637), *El Político* (1640), *El arte de la prudencia* (1647) y *Agudeza y arte de ingenio* (1648), entre otros tratados.

A Antonio Prieto

Introducción

Este libro, que Baltasar Gracián (Belmonte, 1601 – Tarazona, 1658) publicó por primera vez en 1647 (Huesca, Juan Nogués), en tamaño reducido, y que, desde entonces, ha sido traducido en numerosas ocasiones, incluye unas notas de modernidad que lo hacen especialmente atractivo para un lector actual. *El arte de la prudencia** reúne varias de las características e ideas que hoy identificamos con lo moderno: el axioma de que el mundo es hostil, el pragmatismo, la adaptabilidad, la exploración de las leyes de la seducción, la valoración del fragmentarismo y la sugerencia, el prestigioso uso del ingenio, la democratización de la moral, la exaltación del individuo, la autonomía del comportamiento con respecto a las creencias religiosas y un gran interés por la realidad. Todos estos elementos aproximan el texto de manera sorprendente a los gustos actuales.

* Razones editoriales han aconsejado modificar el título original *(Oráculo manual y arte de prudencia)* en la portada. Por coherencia se ha mantenido ese cambio en todas las referencias a la obra.

El arte de la prudencia (con una constante dualidad que se prefigura en el desdoblamiento del título original) resume en trescientos aforismos comentados la sabiduría práctica necesaria para enfrentarse con éxito a un mundo competitivo y hostil. Es, pues, un manual, un libro breve, de bolsillo, que apuesta por la enseñanza de la prudencia como un arte o un artificio. Sin condiciones previas abiertamente excluyentes (aunque se precisen dotes naturales; af. 2 y 127), el desarrollo de un arte de la prudencia se ofrece al alcance de la mano en unas enseñanzas fragmentadas precisamente por su aspiración a no ser fragmentarias, por su deseo de abarcar un amplio casuismo que subsuma, si no la totalidad (objetivo imposible para cualquier libro), sí un relevante número de situaciones susceptible de ser ampliado una vez obtenido el codiciado arte. El aforismo proporciona a un tiempo la brevedad buscada y la condensación; pero es también una persuasión: su forma lapidaria convence solo con la forma. La presentación de un texto en fragmentos desordenados y asistemáticos se ha asociado a una imagen de modernidad que en el caso de la novela del siglo XX se resumía en una serie de características: la ruptura temporal, la multivisión de los narradores, las elipsis, los finales abiertos, los comienzos *in medias res*, etc. El fragmentarismo de *El arte de la prudencia* es doble, como ha señalado Jorge Checa: no existe un discurso sistemático, al tiempo que resulta imposible reconstruirlo a partir de los aforismos (los conceptos que aparecen como parejas de opuestos no siempre tienen los mismos significados a lo largo del texto, el aforismo y su desarrollo no siempre coinciden, etc.). Con ello Gracián impartiría una última lección de prudencia al lector: ningún libro, ni siquiera uno fragmentario, puede captar la riqueza del mundo. El reflejo de un mundo complejo y en constante cambio anticipa en el siglo XVII la justificación de las nuevas técnicas literarias del siglo XX. Pero, además, el pensamiento de los aforismos y sus respectivos comentarios no se agota en el ejercicio de la lectura, sino que queda abierto a la sugerencia (los comentarios no son exhaustivos), potenciada por el continuo juego de sobrentendidos del lenguaje graciano.

Aunque es inevitable buscar un hilo conductor que armonice los contenidos de distintos aforismos, conviene no olvidar que el libro puede ser leído (y hoy aún más) de forma discontinua, buscando en cada aforismo la sabiduría aplicable a situaciones concretas, a cada caso. La lectura de todo el texto encontrará las complejas relaciones que unen los trescientos aforismos comentados, en ocasiones relaciones de complementariedad (como af. 144 y 193, 111 y 217), pero *El arte de la prudencia* varía como el cambiante mundo exterior: «El lector prudente no es quien sigue a la letra cualquiera de los consejos del moralista, sino quien, asimilando sus estratagemas y maniobras textuales, responde como él a las peculiaridades únicas de diferentes situaciones» (Checa, 273).

La premisa inicial es pesimista: se acepta sin discusión que el mundo es un enemigo al que debe enfrentarse el lector. Por ello el conocimiento que se precisa debe ser eminentemente práctico, un saber que permita sobrevivir. Es necesario «ser práctico en la vida» (af. 120): no hay que triunfar sobre el jefe (af. 7), hay que saber utilizar la primera y la segunda intención (af. 13, 37, 45) y saber servirse de evasivas (af. 73).

Todo tiene una utilidad, de todo se puede extraer un beneficio, incluso de la privación (af. 189), del desprecio (af. 205) y hasta de los enemigos (af. 84). Al actuar, el estilo no debe ser siempre el mismo (af. 17). Es muy necesario contar con buenos colaboradores (af. 62) y, especialmente, tener reservas para todo (af. 170). Es una concepción de la vida como una lucha de un Yo que, para evitar el asedio de los otros, debe aprender a conocer su propio comportamiento y a controlar el ajeno. Lo mejor es «tener una idea exacta de sí mismo y de sus posibilidades» (af. 194) y autocontrol (af. 8, 207), para saber retirarse cuando se está ganando (af. 38). El conocimiento de uno mismo debe ser profundo: hay que conocer lo mejor y lo peor (af. 34, 89, 225). Se impone, además, una visión pragmática de las relaciones con los otros. Esas relaciones gozan de una gran importancia (af. 108), pero son diferentes. Los amigos deben ser elegidos con cuidado, puesto que también hay que valerse de ellos (af. 156, 158). Aunque el ideal del sabio es bastarse a sí mismo, los amigos son como una segunda naturaleza (af. 137 y 111). En cualquier caso, el trato debe ser selectivo y excluyente (af. 11, 31, 116, 152, 163, 197). Con los demás, en general, hay que tener una especial precaución: la reputación depende de ellos, y por eso hay que evitar las hablillas y rumores (af. 86), así como las ostentaciones (af. 106). El tipo de ocupación es también determinante del mayor o menor éxito social (af. 30, 47, 67, 104, 153). Los otros, los demás pueden ser manejados: el punto de contacto está en la conversación (af. 22 y 148), un auténtico arte. Provocar la expectación es también una forma de control (af. 3, 19, 81, 94, 95), y mucho más conocer el punto débil de los demás (af. 26). Dado que el éxito social depende de los otros y de los motivos que demos de crítica o elogio, hay que «actuar siempre como si nos vieran» (af. 297). Los otros pueden ser manejados apoyándose en distintas técnicas de persuasión y seducción a través de ocultaciones y medidas exhibiciones de aquello que conviene celar o mostrar: se obtiene así un alto aprecio social. La regla general se basa en la separación de realidad y apariencia (af. 99). Determinadas ideas, capacidades o inclinaciones no se deben mostrar (af. 98), para no quedar expuesto a los ataques de los enemigos: «La reserva es la marca de la inteligencia» (af. 179). Gracián predica una adaptabilidad camaleónica (como indica Pelegrín) a las ocasiones (af. 288) y a las personas (af. 58 y 77). A veces es necesario hasta aparentar ignorancia (af. 240). Vivimos en un mundo de apariencias, donde lo que se ve prima sobre lo demás. La simulación y los ocultamientos pueden conducir al éxito si se utilizan sabiamente: hay que mostrar algunas cosas, no todas; hay que fabricarse una máscara para el exterior que evite la mirada hacia el interior; hay que «sentir con los menos y hablar con los más» (af. 43). No solo es conveniente celar, sino saber qué mostrar: «Lo que no se ve es como si no existiese» (af. 130); y probar, divulgando algunas cosas (af. 164), antes de aventurarse en algo; no descubrir nunca las debilidades (af. 145). Quien practica estas tácticas sabe que, a la hora de valorar a los demás, lo importante es «mirar por dentro» (af. 146). De todo esto depende la seducción. El objetivo es agradar a los demás para granjearse su apoyo y admiración. Todo ello recuerda un «*marketing* político o artístico en que el arte supremo es hacer de su gusto propio la norma del ajeno» (Pelegrín, 47). Se necesita el dominio de la palabra (las artes retóricas) y el autocontrol de la expresión, para no ser víctima de las propias declaraciones. La base es una pedagogía, un aprendizaje con rasgos democráticos (casi cualquiera puede acceder a él). Tanto la retórica como la persuasión y la pedagogía son intereses de la Compañía de Jesús, orden a la que perteneció Gracián. Esta necesidad de actuar, aquí y ahora, permite mantener la independencia de las creencias personales, separadas de un comportamiento pragmático (af. 251). Con este bagaje, Gracián crea auténticas personas, sabios de la práctica (af. 232).

No se detiene Gracián en la búsqueda de un lector con cualidades innatas o de extracción social privilegiada: aunque, como se ya se ha dicho, se necesitan cualidades previas, todo el texto rezuma una creencia en la capacidad de aprendizaje del hombre, frente al inmovilismo determinista. Ya no cuentan los orígenes, tan importantes en una sociedad estamental. El libro supone una «democratización de la moral aristocrática» (Pelegrín, 44). Solo se valora la capacidad innata y el esfuerzo personal, lo que aproxima el contenido de *El arte de la prudencia* a la moderna exaltación del *self-made man*. Incluso los grandes ejemplos (reyes, etc.) a los que se alude se colocan al hipotético alcance de todos.

Surge de modo inevitable la pregunta sobre la moralidad de este comportamiento. Pero aunque a menudo Gracián recibe el calificativo de moralista, en *El arte de la prudencia* el objetivo ha sido otro: con los ojos puestos en la realidad y, si no olvidando por completo a Dios, considerando que la moral tiene un universo autónomo, Gracián compila un texto dirigido a regular de modo práctico el comportamiento del hombre midiendo sus resultados no según viejas categorías de bien y mal, sino según los éxitos, los aprecios, los apoyos, la fama, la estimación, etc. El interés se centra en la realidad, y no en lo abstracto; la discusión se orienta hacia el aprovechamiento de la realidad tal como es, y no como debiera ser. Resulta cuando menos divertido constatar cómo, por encima de los siglos, la Historia y las ideologías, los presupuestos de la Compañía de Jesús se trasladan y forman parte de lo que hoy se puede interpretar como un manual de supervivencia para una sociedad donde previamente han primado (y lo hacen aún) los valores capitalistas herederos del protestantismo, cuya versión más rancia combatieron los jesuitas. El mundo moderno se domina (o puede hacerlo) a base de argucias, con criterios de escasa consistencia moral, pero efectivos. Sin embargo, al mismo tiempo, Gracián defiende el juego limpio (af. 165) y la moderación (af. 24, 41, 82, 223). Es una actitud en el límite de lo ético: «Sin mentir, no decir todas las verdades» (af. 181).

La prudencia, entendida como este arte práctico útil para todo, debe extenderse a parcelas que otros reservan para el azar. La misma suerte queda abolida al transformarla (af. 21): «Porque no hay más buena ni mala suerte que la prudencia o la imprudencia». El control sobre uno mismo, los demás y las circunstancias debe extenderse hasta donde sea posible: uno mismo se labra su suerte. La preparación de la prudencia capacita también para vencer lo inesperado con improvisaciones (af. 56) o, mejor aún, con reflexión (af. 57).

El individualismo es una apropiación de la modernidad y Gracián también participa del individualismo. No procede solo de la visión de un mundo dividido y enfrentado entre un Yo y los demás, sino que Gracián, al dirigirse al uno, a la verdadera persona, al sabio, al prudente, lo individualiza más aún. El lector tiene la sensación de escuchar la voz de un maestro personal cuyas enseñanzas aíslan en la eminencia.

Gracián es autor de un solo texto religioso *(El Comulgatorio)*, de una novela alegórica *(El Criticón)*, y de varios tratados políticos, morales y literarios (*El Héroe*, *El político don Fernando el Católico*, *El Discreto*, *Agudeza y arte de ingenio*). *El arte de la prudencia* influyó en La Rochefoucauld, Madame de Sablé, La Bruyère y en otros escritores franceses, aunque los dos lectores de Gracián más conocidos son, sin duda, Schopenhauer y Nietzsche. *El arte de la prudencia* tuvo abundantes traducciones al alemán (Schopenhauer lo tradujo en 1861 —Leipzig— y su texto fue reeditado al menos diez veces hasta 1953) y al francés (también fue traducido al holandés, húngaro, inglés, italiano, latín, polaco y ruso). Es cierto que otras obras de Gracián gozaron de crédito en Europa, pero, en opinión de Correa Calderón, «la obra de Gracián que logra una mayor universalidad es *El arte de la prudencia*».

Paradójicamente, la proliferación de traducciones se aviene mal con un texto poco apto para la traducción. Gracián ha sido inscrito, de modo tradicional, entre los escritores llamados conceptistas, es decir, entre quienes valoran más la complejidad de contenido que la formal. Es evidente que el rótulo es cuando menos simplista. Pero lo cierto es que la prosa de Gracián, y en *El arte de la prudencia* en particular, utiliza un elevado número de recursos retóricos para perseguir uno de los ideales estéticos del Barroco: la dificultad. Al laconismo inherente a los aforismos, Gracián añade la supresión de los elementos de relación sintáctica y diversos tipos de elipsis, obligando a un esfuerzo de reconstrucción lingüística que también es de interpretación. El uso de paronomasias y paradojas, equívocos y retruécanos, se acompaña de términos que poseen un sentido especial en el lenguaje de Gracián. El ideal de concisión se consigue, además, con alusiones escondidas, con ambigüedades, contradicciones o deslizamientos (a veces el aforismo no se corresponde con un comentario más restringido de lo esperado), reelaboraciones de refranes y proverbios en donde algunos miembros cambian para cambiar el sentido, etc. El texto de *El arte de la prudencia* es difícil a fuerza de laconismo y sutileza conceptual.

Dado que esta edición se dirige a un público no especializado, y siguiendo las directrices de la editorial, el texto de Gracián ha sufrido diversas modificaciones, con el fin básico de facilitar la lectura de un texto escrito y publicado hace más de trescientos años y con un grado notable de complejidad estilística. La idea no ha sido tanto modernizar lo modernizable como hacer legible el texto. Para ello se han rehecho frases y se ha modificado la sintaxis, además de sustituir términos. El objetivo ha sido poner al alcance de un lector de hoy un texto en que la dificultad no es un defecto, sino un bello juego. Si deslindar la llamada forma del contenido es siempre una cuestión delicada (y un tanto absurda), en *El arte de la prudencia* supone la desaparición del texto. Tan importantes son las ideas prácticas (que Gracián recopila como una guía de la vida) como la expresión. A veces las frases de la glosa de cada aforismo son variaciones repetitivas y mínimamente significantes que conforman uno de los más viejos objetivos docentes: repetir. Pero al mismo tiempo cumplen otro de los requisitos indispensables del arte barroco: variar. Casi con un sentido musical surgen variaciones en torno a un tema. Una actualización extrema que solo quisiera obtener las «ideas» del texto debería prescindir de unas variaciones que son esenciales. Por ello esta versión ha procurado mantener, en la medida de lo posible, los juegos de palabras, las repeticiones, las enumeraciones, etc., y otros rasgos característicos del estilo graciano, pero jugando dialécticamente con el moderno rechazo del «retoricismo» (probable reacción contra la vacuidad y ampulosidad oratoria del siglo XIX). La versión se mueve entre dos polos opuestos: fidelidad y actualidad. Es obvio que no hay (no puede haberlo) un resultado satisfactorio que sintetice la voluntad dialéctica de conservar cambiando y viceversa. En cualquier caso, es importante que el lector no desdeñe la expresión, porque (como en todo texto literario) es también contenido.

Se ha evitado vencer la dificultad del texto mediante el recurso de las notas a pie de página. Las que aparecen son mínimas (se elude explicar quiénes son los autores citados, pero sí se recogen las referencias históricas y mitológicas imprescindibles, más alguna nota de vocabulario).

Es de rigor confesar la deuda contraída, en distinto grado, con dos de las ediciones de *El arte de la prudencia* citadas más abajo: he utilizado como texto base el establecido por Miguel Romera-Navarro, pues su trabajo es la más completa aproximación a las complejidades del texto de *El arte de la prudencia* (mantengo la numeración de los aforismos y el uso de la cursiva); también me he servido de la edición de Christopher

Maurer, que, más que una traducción al inglés, es una valiente y brillante lectura del rico sistema lingüístico y literario de Gracián.

J. IGNACIO DÍEZ

Bibliografía básica

1. EDICIONES

Oráculo manual y arte de prudencia, ed. Miguel Romera-Navarro, CSIC, Madrid, 1954.

Oráculo manual y arte de prudencia, ed. Evaristo Correa Calderón, Anaya, Salamanca, 1968.

Oráculo manual y arte de prudencia, ed. Benito Pelegrín, Guara, Zaragoza, 1983.

El héroe. El discreto. Oráculo manual y arte de prudencia, ed. Luys Santa Marina; intro. y notas Raquel Asún, Planeta, Barcelona, 1984.

El héroe. El político. El discreto. Oráculo manual y arte de prudencia, ed. Arturo del Hoyo, Plaza y Janés, Barcelona, 1986.

The Art of Wordly Wisdom. A pocket Oracle, trad. Christopher Maurer, Currency and Doubleday, Nueva York, 1992.

Oráculo manual y arte de prudencia, ed. Emilio Blanco, Cátedra, Madrid, 1995.

Oráculo manual y arte de prudencia, edición facsímil

(Huesca, Juan Nogués, 1647), pról. Aurora Egido, Gobierno de Aragón-Institución Fernando el Católico, Zaragoza, 2001.

Aforismos (extraídos del «Oráculo manual y arte de prudencia»), ilustraciones Alberto Cirac, *Tinaja*; ed. J. Ignacio Díez Fernández, Prensas Universitarias de Zaragoza, Zaragoza, 2004.

El Discreto. Oráculo manual y arte de prudencia, ed. J. Ignacio Díez Fernández, Debolsillo, Barcelona, 2004.

2. ESTUDIOS

BATLLORI, Miguel y Ceferino Peralta, *Baltasar Gracián en su vida y en su obra*, Institución Fernando el Católico, Zaragoza, 1969.

BLANCO, Mercedes, *Les réthoriques de la pointe: Baltasar Gracián et le conceptisme en Europe*, Librairie Honoré Champion, París, 1992.

CHECA, Jorge, «Oráculo manual: Gracián y el ejercicio de la lectura», *Hispanic Review*, LIX, 1991, 263-280.

CORREA CALDERÓN, Evaristo, *Baltasar Gracián, su vida y su obra*, 2.ª ed. aum., Gredos, Madrid, 1970.

GARCÍA GIBERT, Javier, *Baltasar Gracián*, Síntesis, Madrid, 2002.

HATZFELD, Helmut, «El barroquismo del *Oráculo Manual* de Gracián» [1958], *Estudios sobre el Barroco*, 3.ª ed. aum., Madrid, Gredos, 1973, pp. 388-406.

LOPE BLANCH, Juan M., «La estructura del discurso en el *Oráculo manual*», *Archivo de Filología Aragonesa*, 36-37, 1986, pp. 101-115.

Maravall, José Antonio, «Antropología y política en el pensamiento de Gracián» [1958], *Estudios de la historia del pensamiento español. Tercera serie. Siglo* xvii, Madrid, 1975, pp. 197-241.

Pelegrín, Benito, *Éthique et esthétique du baroque. L'espace jésuitique de Baltasar Gracián*, Actes Sud-Hubert Nyssen, Arles,1985.

VV. AA., «Baltasar Gracián. El discurso de la vida. Una nueva visión y lectura de su obra», *Documentos A. Genealogía científica de la cultura*, 5 (1993).

—, *Baltasar Gracián: estado de la cuestión y nuevas perspectivas*, Zaragoza, Institución Fernando el Católico, 2001.

—, «Baltasar Gracián. Selección de estudios, investigación actual y documentación», *Suplementos. Materiales de trabajo intelectual*, 37 (1993).

—, *Criticón, Revista del Equipo de Investigación «Literatura española, medieval y del Siglo de Oro»*, Université de Toulouse-Le Mirail: Institut d'Études Hispaniques, 33 (1986) y 43 (1988), Números especiales dedicados a Gracián.

—, *Gracián y su época. Actas de la I Reunión de Filólogos Aragoneses*, Institución Fernando el Católico, Zaragoza, 1986.

—, *Homenaje a Gracián*, Zaragoza, Institución Fernando el Católico, 1958.

EL ARTE DE LA PRUDENCIA

1 *Hoy todo ha logrado la perfección, pero ser una auténtica persona es la mayor.* Más se precisa hoy para ser sabio que antiguamente para formar siete, y más se necesita para tratar con un solo hombre en estos tiempos que con todo un pueblo en el pasado.

2 *Carácter e inteligencia*: los dos polos para lucir las cualidades; uno sin otro es media buena suerte. No basta ser inteligente, se precisa la predisposición del carácter. La mala suerte del necio es errar la vocación en el estado, la ocupación, la vecindad y los amigos.

3 *Manejar los asuntos con expectación*. Los aciertos adquieren valor por la admiración que provoca la novedad. Jugar a juego descubierto ni gusta ni es útil. No descubrirse inmediatamente produce curiosidad: especialmente cuando el puesto es importante surge la expectación general. El misterio en todo, por su mismo secreto, provoca veneración. Incluso al darse a entender se debe huir de la franqueza. Tampoco en el trato se deben dejar ver los pensamientos íntimos a todos. El silencio recatado es el refugio de la cordura. No se estima una decisión si se hace pública, y al exponerse a la crítica, si es negativa, la mala suerte será doble. Es mejor imitar el proceder divino para mantener a los hombres atentos y vigilantes.

4 *El saber y el valor contribuyen conjuntamente a la grandeza*. Hacen al hombre inmortal porque ellos lo son. Tanto es uno cuanto sabe, y el sabio todo lo puede. Un hombre sin conocimientos es un mundo a oscuras. Es necesario tener ojos y manos, es decir, juicio y fortaleza. Sin valor es estéril la sabiduría.

5 *Hacerse indispensable*. No hace sagrada la imagen el que la pinta y adorna, sino el que la adora. El sagaz prefiere los que le necesitan a los que dan las gracias. La esperanza cortés tiene buena memoria, pero el agra-

decimiento vulgar es olvidadizo y es un error confiar en él. Más se saca de la dependencia que de la cortesía; el satisfecho vuelve inmediatamente las espaldas a la fuente, y la naranja exprimida cae del oro al lodo: acabada la dependencia, acabada la correspondencia, y con ella la estima. La primera lección de la experiencia debe ser entretenerla, pero no satisfacerla; así se conserva siempre la dependencia que los demás tienen, incluso la del rey. Sin embargo, no se debe llegar al exceso de callar para que se equivoquen, ni al de hacer incurable el daño ajeno por el provecho propio.

6 *Estar en el culmen de la perfección*. No se nace hecho. Cada día uno se va perfeccionando en lo personal y en lo laboral, hasta llegar al punto más alto, a la plenitud de cualidades, a la eminencia. Esto se conoce en lo elevado del gusto, en la pureza de la inteligencia, en lo maduro del juicio, en la limpieza de la voluntad. Algunos nunca llegan a ser cabales, siempre les falta algo; otros tardan en hacerse. El hombre consumado, sabio en dichos, cuerdo en hechos, es admitido, e incluso deseado, en el grupo singular de los discretos.

7 *Evitar las victorias sobre el jefe*. Toda derrota es odiosa, y si es sobre el jefe o es necia o es fatal. Siempre fue odiada la superioridad, y más por los superiores. La cautela suele encubrir las ventajas más comunes, como

disimular la belleza con el desaliño. Será fácil hallar quien quiera ceder en éxito y en carácter, pero no en inteligencia, y mucho menos un superior. Es este el atributo rey y por eso cualquier crimen contra él fue de lesa majestad. Ellos son poderosos y quieren serlo en lo más importante. A los príncipes les gusta ser ayudados, pero no excedidos, y es mejor que el aviso tenga visos de recuerdo de lo que olvidaba en vez de ser luz de lo que no se alcanzó. Los astros, con acierto, nos enseñan esta sutileza, pues aunque son hijos brillantes, nunca compiten con los lucimientos del sol.

8 *No apasionarse: la señal del más elevado espíritu.* La misma superioridad del hombre desapasionado le libra de la esclavitud a las impresiones pasajeras y comunes. No hay mayor señorío que el de sí mismo, de las propias pasiones. Es el triunfo de la voluntad. Y si la pasión puede afectar a lo personal, nunca alcance lo laboral, y menos aún cuanto mayor sea. Esta es la forma inteligente de ahorrar disgustos y de lograr reputación fácilmente.

9 *Eludir los defectos de su nación.* El agua participa de las cualidades, buenas o malas, de los lechos por donde pasa, y el hombre participa de las del clima del lugar donde nace. Unos más que otros están en deuda con sus patrias, pues les tocó allí un cielo más favorable.

Ninguna nación se escapa de algún defecto innato, incluso la más culta, defecto que censuran los Estados vecinos como cautela o como consuelo. Corregir, o por lo menos disimular, estos defectos es un triunfo; con ello se consigue el plausible crédito de único entre los suyos, pues siempre se estima más lo que menos se espera. Hay también defectos de familia, de estado, de ocupación y de edad; si coinciden todos en un sujeto, y no se previenen con prudencia, crean un monstruo intolerable.

10 *Fortuna y fama*. Lo que tiene de inconstante la una, tiene de firme la otra. La primera sirve para vivir, la segunda para después; aquella actúa contra la envidia, esta contra el olvido. La fortuna se desea, y a veces uno mismo se ayuda a conseguirla; la fama solo se obtiene por esfuerzo propio. El deseo de obtener reputación nace de la virtud, es decir, de poder actuar. La fama fue y es hermana de gigantes; se mueve siempre en los extremos: o monstruos o prodigios, o rechazo o aplauso.

11 *Tratar con quien se pueda aprender*. El trato amigable debe ser una escuela de erudición; y la conversación, una enseñanza culta. Hay que hacer de los amigos maestros y compenetrar lo útil del aprendizaje con lo gustoso de la conversación. Debe alternarse el placer

con los entendidos, pues así se disfruta lo que se dice con el aplauso con que se recibe, y se disfruta lo que se oye con la enseñanza. Habitualmente la conveniencia propia nos lleva a otra persona, y así se ennoblece. El prudente frecuenta las casas de los hombres eminentes, pues son escenarios de grandeza más que palacios de la vanidad. Hay señores reputados de prudentes que son oráculos de toda grandeza con su ejemplo y en su trato. Pero, además, el grupo de sus acompañantes es una cortesana academia de sensatez, tacto e ingenio.

12 *Naturaleza y arte, materia y elaboración.* No hay belleza sin ayuda, ni perfección que no parezca bárbara sin la participación del arte: socorre lo malo y perfecciona lo bueno. Comúnmente la naturaleza nos deja cuando menos lo esperamos: acojámonos al arte. El mejor natural es inculto sin el arte, y les falta la mitad a las perfecciones si les falta la cultura. Todo hombre parece tosco sin el arte. Es necesario pulirse para alcanzar la perfección.

13 *Obrar con intención, con primera y con segunda intención.* La vida del hombre es milicia contra la malicia del hombre: la sagacidad pelea con estratagemas de mala intención. Nunca hace lo que indica: apunta, sí, para despistar; se insinúa con destreza y disimulo; y actúa en la inesperada realidad, atenta siempre a confun-

dir. Deja caer una intención para tranquilizar la atención ajena, y gira inmediatamente contra ella, venciendo por lo impensado. Pero la penetrante inteligencia la previene con observaciones cuidadosas, la acecha con cautelas, entiende siempre lo contrario de lo que quiere que entienda, y conoce instantáneamente cualquier doble juego; deja pasar toda primera intención y está en espera de la segunda, y aun de la tercera. La simulación aumenta cuando se descubre su artimaña, y entonces pretende engañar con la verdad misma; cambia de juego, por cambiar la treta, y convierte en engaño la sincera verdad, basando su astucia en la mayor candidez. Aparece entonces la advertencia y, al entender la intención del otro, descubre las tinieblas revestidas de la luz; descifra la intención, más solapada cuanto más sencilla. Así combate la astucia de Pitón contra la candidez de los penetrantes rayos de Apolo.[1]

14 *El fondo y la forma*. No basta la sustancia, también se necesita la circunstancia. Los malos modos todo lo corrompen, hasta la justicia y la razón. Los buenos todo lo remedian: doran el no, endulzan la verdad y hermosean la misma vejez. En las cosas tiene gran parte el cómo. Las maneras simpáticas son el tahúr de los gustos. Lo más estimado en la vida es un comportamiento cortés. Hablar y portarse de buen modo resuelve cualquier situación difícil.

1. Al pie del Parnaso, Apolo mató con sus flechas al dragón Pitón.

15 *Tener inteligencias auxiliares.* Es una gran suerte de los poderosos acompañarse de hombres de gran entendimiento que les saquen de todos los problemas causados por la ignorancia y que incluso peleen por ellos las luchas más difíciles. Es una singular grandeza servirse de sabios. Esto supera el bárbaro gusto de Tigranes,[2] quien deseaba convertir en criados a los reyes vencidos. Es mucho mejor otro tipo de dominio: transformar, por arte, en nuestros servidores a los que la naturaleza hizo superiores en inteligencia. Hay mucho que saber y la vida es corta, y no se vive si no se sabe. Es, pues, una singular habilidad aprender sin esfuerzo, aprender mucho de muchos, sabiendo tanto como todos. Después habla por muchos en una reunión, pues por su boca hablan tantos sabios como le prepararon, consiguiendo así, con sudor ajeno, fama de oráculo. Las inteligencias auxiliares primero eligen la lección, y después le sirven el saber en quintaesencias. Pero el que no pudiera alcanzar a tener la sabiduría en servidumbre, que la alcance en la amistad.

16 *Saber con recta intención* garantiza la abundancia de aciertos. Un buen entendimiento casado con una mala voluntad fue siempre una violación monstruosa. La intención malévola es un veneno de las perfecciones y, ayudada del saber, daña con mayor sutileza. ¡Desa-

2. Rey de Armenia (s. I d. C.) que maltrataba a los príncipes vencidos, después de haber sido un humilde rehén en Roma.

fortunada eminencia la que se emplea en la ruindad! Es una ciencia sin seso, una doble locura.

17 *Variar de estilo al actuar.* No obrar siempre igual. Así se confunde a los demás, especialmente si son competidores. No hay que obrar siempre de primera intención, pues nos captará la rutina y se anticiparán y frustrarán las acciones. Es más fácil matar al ave que tiene un vuelo uniforme que a la que tuerce su trayectoria. Tampoco hay que actuar siempre de segunda intención, pues entenderán la treta cuando se repita. La malicia está acechando la ocasión y se necesita gran sutileza para despistarla. El jugador nunca mueve la pieza que el contrario espera, y menos aún la que desea.

18 *Aplicación y capacidad.* No hay eminencia sin ambas, y si concurren, la eminencia es aún mayor. Es mejor conseguir una medianía con aplicación que una superioridad sin ella. La reputación se compra con trabajo: poco vale lo que poco cuesta. Incluso para las más altas ocupaciones se deseó en algunos la aplicación. Raras veces es independiente del carácter. Se puede entender el no destacar en una ocupación baja por querer ser mediocre en un empleo más alto; pero no hay excusa para quien se contenta con ser mediano en la última ocupación, pudiendo ser excelente en la más alta. Se necesitan, pues, naturaleza y arte, junto con aplicación.

19 *No comenzar con demasiada expectación.* Es un chasco frecuente ver que todo lo que recibe muchos elogios antes de que ocurra no llegará después a la altura esperada. Lo real nunca puede alcanzar a lo imaginado, porque imaginarse las perfecciones es fácil, pero es muy difícil conseguirlas. La imaginación se casa con el deseo y siempre concibe mucho más de lo que las cosas son. Por grandes que sean las excelencias, no bastan para satisfacer la idea previa. Al ilusionar las excelencias con una expectación exorbitante, decepcionan más que admiran. La esperanza es una gran falsificadora de la verdad. La cordura debe refrenarla, procurando que el disfrute de lo real supere al deseo de lo imaginario. Los comienzos honrados sirven para despertar la curiosidad, y no para comprometer el intento final. Mejor resulta cuando la realidad supera a la idea previa y es más de lo que se creyó. No encaja esta regla en lo malo, pues la misma exageración le ayuda: la realidad desmiente con aplauso a la imaginación y aun llega a parecer tolerable lo que al principio se temió muy ruin.

20 *Ser hombre de su época.* Los hombres de rara eminencia dependen de la época en que viven. No todos tuvieron la que merecían y muchos que la tuvieron no acertaron a disfrutarla. Algunos fueron dignos de mejor época, pues no todo lo bueno triunfa siempre. Las cosas tienen su tiempo, incluso las eminencias dependen del gusto de su época. Pero la sabiduría

lleva ventaja: es eterna, y si este no es su tiempo, lo serán otros muchos.

21 *El arte de la suerte.* La buena suerte tiene sus reglas; no todo son casualidades para el sabio; el esfuerzo puede ayudar a la buena suerte. Algunos se contentan con ponerse confiadamente a las puertas de la Fortuna y esperar que ella haga algo. Otros, con su mejor tino, entran por esas puertas y utilizan una audacia razonable que, junto a su virtud y valor, puede alcanzar la buena suerte y obtener sus beneficios. Pero, si bien se piensa, no hay otro camino sino el de la virtud y la prudencia, porque no hay más buena ni mala suerte que la prudencia o la imprudencia.

22 *Ser hombre de agradable y jugosa conversación.* La munición de los discretos es la galante y gustosa erudición, es decir, un saber práctico de todas las cosas corrientes, más inclinado a lo gustoso y elevado que a lo vulgar. Es conveniente tener una buena reserva de frases ingeniosas y de comportamientos galantes, y saberlos emplear en el momento adecuado, pues a veces es mejor el consejo contenido en un chiste que la más docta enseñanza. Más les valió a algunos la sabiduría que se comunica en el trato social que todos los conocimientos académicos.

23 *No tener un defecto*. Es nuestro destino tener defectos. Pocos viven sin ellos, tanto en lo moral como en el carácter. Les dominan, aunque es fácil curarse. El buen sentido de los demás sufre porque a veces un sublime conjunto de buenas cualidades tiene un mínimo defecto: basta una nube para eclipsar a todo un sol. La malevolencia se para de inmediato y aun repara en estos lunares de la reputación. Sería una gran habilidad convertirlos en motivo de estimación. César supo cubrir de laureles su calvicie.[3]

24 *Moderar la imaginación* es el todo para la felicidad. Unas veces hay que refrenarla y otras ayudarla: el buen sentido la ajusta. A veces se convierte en tirana: no se contenta solo con especular, sino que actúa y se hace dueña de la vida, haciéndola gustosa o pesada, según su capricho, creando descontentos o satisfechos de sí mismos. A unos, como un verdugo casero de los necios, les representa penas continuamente; a otros les propone felicidades y aventuras con vana presunción. Todo esto puede la imaginación si no la refrenan la prudencia y el buen sentido.

3. En el original se dice «laurear el natural desaire». Algunos autores lo interpretan como una referencia a la caída de César cuando desembarcó en África. («No he caído, sino que he tomado posesión.»)

25 *Ser buen entendedor.* Saber razonar era la más elevada de las artes; ya no es suficiente: ahora es necesario adivinar, y más en asuntos que pueden decepcionar. No puede ser entendido el que no sea buen entendedor. Hay adivinos del corazón y linces de las intenciones. Las verdades que más nos importan vienen siempre a medio decir. El prudente debe saber entenderlas: refrena la credulidad en las cosas favorables y la estimula en las odiosas.

26 *Encontrar el punto débil de cada uno.* Este es el arte de mover las voluntades. Es más una destreza que determinación. Es saber por dónde se ha de entrar a cada uno. No hay voluntad que no tenga una afición especial, que varía según los gustos. Todos idolatran o la estimación o el interés, y, la mayoría, el placer. La maña está en conocer estos ídolos que tanto motivan. Conocer el eficaz impulso de cada uno es como tener la llave de la voluntad ajena. Hay que ir al primer móvil, que no siempre es el más importante, sino, la mayoría de las veces, el más bajo, pues en el mundo hay más desordenados que disciplinados. Primero hay que conocer el carácter, después tocar el punto débil, insistir en él, pues infaliblemente se quedará sin voluntad.

27 *Mejor lo intenso que lo extenso.* La perfección no consiste en la cantidad, sino en la calidad. Todo lo muy bueno siempre fue poco y raro: usar mucho lo bueno es abusar. Incluso entre los hombres: los de cuerpo gigante suelen ser de cerebro enano. Algunos estiman los libros por su corpulencia, como si se escribieran para ejercitar los brazos más que el ingenio. Lo extenso solo nunca pudo ir más allá de la mediocridad, y es una plaga de los hombres universales que, por querer estar en todo, no están en nada. Lo intenso proporciona eminencia, y fama si el asunto es muy importante.

28 *No ser vulgar en nada.* No serlo en el gusto. ¡Qué gran sabio aquel a quien no le gustaba que sus cosas agradasen a muchos! Los hartazgos de aplauso popular no satisfacen a los discretos. Algunos son como camaleones de la popularidad, de tal manera que su placer no está en las suavísimas brisas de Apolo, sino en el aliento vulgar.[4] Tampoco ser vulgar en el entendimiento. No se debe disfrutar con los milagros del vulgo, pues son simplemente «espantaignorantes»: el vulgo admira la necedad común y rechaza el consejo excelente.

4. Antiguamente se creía que el camaleón se alimentaba de aire.

29 *Tener entereza*. Hay que estar siempre de parte de la razón, con tal decisión que ni la pasión del vulgo ni la fuerza de la violencia obliguen jamás a pisar la raya de la razón. Pero ¿quién será este fénix de la equidad? La entereza tiene pocos seguidores constantes. Muchos la elogian, pero no en su casa. Otros la siguen hasta el peligro: allí los falsos la niegan, los políticos la encubren. Ella no tiene reparos en oponerse a la amistad, al poder e incluso a la propia conveniencia: esta es la ocasión crítica de desconocerla. Los astutos establecen distinciones con aplaudidas sutilezas para no maltratarla, bien por motivos superiores, bien por razones de Estado. Sin embargo, el hombre constante juzga como traición el disimulo y valora más la tenacidad que la sagacidad; está al lado de la verdad, y si se aparta de los demás no es por inconstancia suya, sino porque ellos dejaron la verdad primero.

30 *No dedicarse a ocupaciones desacreditadas*, y mucho menos a las quiméricas: solo se obtiene desprecio y no renombre. Las sectas del capricho son muchas y el hombre cuerdo debe huir de todas ellas. Hay gustos exóticos que siempre se casan con todo aquello que los sabios repudian. Viven muy pagados de cualquier extravagancia, y aunque los hace muy conocidos, es más a causa de la risa que de la reputación. Aun como sabio no debe destacar el prudente, mucho menos en aquellas ocupaciones que hacen ridículos a los que las practican. No se especifican porque el descrédito común las tiene suficientemente señaladas.

31 *Conocer a los afortunados, para escogerlos; y a los desdichados, para rechazarlos.* La mala suerte es, con frecuencia, culpa de la estupidez y no hay contagio más pegadizo para los próximos al desdichado. Nunca se debe abrir la puerta al menor mal, pues siempre vendrán tras él, a escondidas, otros muchos y mayores. El mejor truco en el juego es saber descartarse: es más importante la menor carta del triunfo presente que la mayor del que pasó. En la duda, lo mejor es acercarse a los sabios y prudentes, pues tarde o temprano dan con la buena suerte.

32 *Tener fama de complaciente.* Es fundamental para que gusten los que gobiernan; es una excelente cualidad para que los soberanos obtengan la gracia de todos. Esta es la ventaja de mandar: poder hacer más bien que todos los demás. Son amigos los que hacen amistosos favores. Por el contrario, hay otros que se niegan a complacer, no tanto por ser gravoso, sino por maldad. Se oponen en todo a la divina comunicabilidad.

33 *Saber apartarse.* Es una gran lección de la vida el saber negar, pero lo es mayor el negarse uno mismo, tanto en los negocios como en el trato personal. Hay ocupaciones extrañas que son polillas del tiempo precioso. Peor es ocuparse de lo inútil que no hacer nada.

Para ser prudente no basta no ser entrometido: hay que procurar que no te entrometan. No se puede ser tan de los otros que uno no sea de sí mismo. Incluso de los amigos no se debe abusar, ni querer más de ellos de lo que den. La demasía es vicio, y mucho más en el trato. Con esta moderación prudente se conserva mejor la estima y el agrado de todos, porque no se desgasta la preciosísima dignidad. Se debe mantener la libertad en la apasionada inclinación por lo selecto y no pecar nunca contra el propio buen gusto.

34 *Conocer su mejor cualidad.* Hay que cultivar la cualidad más relevante y ayudar a las demás. Cualquiera habría triunfado si hubiera conocido su mejor cualidad. Obsérvese la cualidad reina y redóblese su uso: en unos domina la inteligencia; en otros, el valor. La mayoría violenta su capacidad y por eso no destacan en nada. Lo que la pasión exalta con rapidez tarde lo desengaña el tiempo.

35 *Sopesar las cosas.* Más las que más importan. Como no piensan, todos los necios se equivocan: nunca entienden de las cosas la mitad, y, como no perciben el daño o la oportunidad, tampoco actúan con rapidez. Algunos hacen mucho caso de lo que importa poco y poco de lo que importa mucho, sopesando siempre al revés. Muchos, por falta de sentido, no lo pierden. Hay cosas que se

deberían observar con todo cuidado y mantenerlas bien arraigadas en el ánimo. El sabio todo lo sopesa, aunque ahonda especialmente donde hay profundidad y dificultades y donde cree que a veces hay más de lo que piensa. Así la reflexión llega donde no alcanzó la aprehensión.[5]

36 *Tantear su suerte* para actuar, para comprometerse. Es más importante que conocer el temperamento: si es un necio el que con cuarenta años llama, por su salud, a Hipócrates, más lo es el que llama, por sabiduría, a Séneca. Es un gran arte saber gobernar la suerte, esperándola (pues también cabe la espera en ella) y obteniéndola (pues tiene turno favorable y oportuno). Pero su comportamiento es tan anómalo que no se puede entender del todo. Quien la encontró favorable, prosiga con el atrevimiento, pues suele apasionarse por los audaces y, como mujer deslumbrante que es, por los jóvenes. Que no se esfuerce el que es desafortunado; es mejor retirarse y no dejar que la suerte le haga doblemente desdichado. Quien la domina debe seguir adelante.

37 *Conocer las insinuaciones y saber usarlas.* Es el punto más sutil del trato humano. Se usan para probar los ánimos y, de la manera más disimulada y penetrante, el corazón. Hay otras maliciosas, arrojadizas, tocadas

5. Impresión, una idea que no se basa en un análisis previo.

por la hierba de la envidia, untadas del veneno de la pasión, que son rayos imperceptibles para destruir la gracia y la estimación. Algunos han caído de su puesto elevado heridos por un simple dicho de estos, cuando toda una conjuración de murmuración general y malevolencia particular no fue suficiente para causar el más leve temblor. Por el contrario, otras insinuaciones actúan favorablemente, apoyando y confirmando la reputación. Sin embargo, con la misma destreza con que las arroja la mala intención, hay que recibirlas con cautela y esperarlas con prudencia, porque la defensa se basa en conocer y el dardo prevenido queda siempre frustrado.

38 *Saber retirarse cuando se está ganando*. Es lo que hacen los jugadores profesionales. Tan importante es una lucida retirada como un ataque esforzado. Hay que poner a salvo los éxitos cuando hubiera bastantes, incluso cuando fueran muchos. Un éxito continuado fue siempre sospechoso; es más segura la buena fortuna alterna; y si tiene algo agridulce, se disfruta más. Cuanto más corren los éxitos atropellándose, tienen mayor riesgo de resbalar y dar al traste con todo. A veces se recompensa la brevedad de la duración con la intensidad de la suerte. La fortuna se cansa de llevar a uno a cuestas durante mucho tiempo.

39 *Conocer cuándo las cosas están en su punto, en su sazón, y saber disfrutarlas.* Todas las obras de la naturaleza llegan al colmo de su perfección: hasta allí fueron ganando, desde allí irán perdiendo. Son raras las obras del arte que lo alcanzan, pues no se pueden mejorar. Gozar de cada cosa en su plenitud es propio de un gusto excelente; no todos pueden, ni todos los que pueden saben hacerlo. Hasta en los frutos del entendimiento hay ese punto de madurez; es importante conocerla para estimarla y usarla.

40 *Don de gentes.* Conseguir la admiración general es mucho, pero es más ganar el afecto. Algo tiene de buena estrella, y más de diligencia. Comienza por aquella y continúa por esta. No basta tener excelentes cualidades, aunque se precisan, pues es fácil obtener el afecto con una buena reputación. Para la benevolencia se necesita la beneficencia: hacer el bien con las dos manos, tener buenas palabras y mejores obras, amar para ser amado. La cortesía es el mayor embrujo político de los grandes personajes. Primero hechos y después palabras: ir de la hoja de la espada a la del libro, pues también los escritores tienen un don y es eterno.

41 *Nunca exagerar.* Es importante para la prudencia no hablar con superlativos, para no faltar a la verdad y para no deslucir la propia cordura. Las exageraciones

son despilfarros de estima y dan indicio de escasez de conocimiento y gusto. La alabanza despierta vivamente la curiosidad, excita el deseo. Después, si no se corresponde el valor con el precio, como sucede con frecuencia, la expectación se vuelve contra el engaño y se desquita con el desprecio de lo elogiado y del que elogió. Por eso el cuerdo va muy despacio y prefiere pecar de corto que de largo. Lo excelente es raro: hay que moderar la estimación. Encarecer es una parte de la mentira. Por esto se pierde la reputación de tener buen gusto y, lo que es más grave, la de ser entendido.

42 *La natural capacidad de mando.* Es una secreta fuente de superioridad. No debe proceder de un enfadoso artificio, sino de una naturaleza imperiosa. Todos se le rinden sin advertir el cómo, al reconocer el vigor secreto de la autoridad connatural. Estos hombres (temperamentos señoriales, reyes por mérito propio y leones por privilegio innato) cogen el corazón y la mente de los demás como prueba de respeto. Si tienen otras buenas cualidades, han nacido para ser los primeros móviles políticos, pues consiguen más con un amago que otros con una prodigalidad.

43 *Sentir con los menos y hablar con los más.* Querer ir contra corriente hace imposible descubrir los engaños y es peligroso. Solo Sócrates podría hacerlo. Disen-

tir se considera un agravio, porque es condenar el juicio ajeno; los disgustados se multiplican tanto por quien ha sido criticado como por quien lo ha aplaudido. La verdad es de pocos, pero el engaño es tan común como vulgar. No se puede conocer al sabio por hablar en público, pues no habla allí con su voz, sino con la de la necedad común, por más que la esté desmintiendo en su interior. El cuerdo huye de ser contradicho tanto como de contradecir: rápido en la censura, es lento en publicarla. El sentir es libre: no se puede ni debe violentar; se retira al refugio del silencio y si a veces se expresa, es al amparo de pocos y cuerdos.

44 *Simpatía con los grandes hombres*. Una cualidad del héroe es concordar con los héroes. Esta simpatía es un prodigio de la naturaleza tanto por lo culto como por lo ventajoso. Existe un parentesco de corazones y de caracteres. Sus defectos son los que la ignorancia vulgar atribuye a la magia. Esta simpatía no se queda solo en estima, sino que atrae la benevolencia y llega a ser afecto: persuade sin palabras y consigue sin méritos. Hay una simpatía activa y otra pasiva, y las dos, cuanto más elevadas, tienen más éxito. Es una gran destreza saber conocerlas, distinguirlas y obtenerlas, pues no hay esfuerzos suficientes sin este favor secreto.

45 *Usar, y no abusar, de las segundas intenciones.* No se deben mostrar ni dar a entender. Todo artificio se debe encubrir, pues es sospechoso, y más las segundas intenciones, pues son odiosas. El engaño se usa mucho; por eso, y para evitar la desconfianza, hay que multiplicar el recelo, sin mostrarlo. El recelo distancia e invita a la venganza, despierta el mal que no se había imaginado. La reflexión sobre el comportamiento es una gran ventaja para actuar; no hay mejor objeto de la razón. La mayor perfección de las acciones depende de la seguridad con que se realizan.

46 *Corregir su antipatía.* Solemos aborrecer de modo gratuito, incluso antes de conocer las supuestas cualidades. Y a veces esta innata y plebeya aversión se atreve con los hombres eminentes. La cordura debe corregirla, pues no hay peor descrédito que aborrecer a los mejores. Lo que tiene de superioridad la simpatía con los héroes tiene de desdoro la antipatía.

47 *Huir de los asuntos difíciles y peligrosos* es una de las primeras tareas de la prudencia. Las grandes inteligencias siempre dejan mucho camino libre antes de los momentos críticos: hay mucho que andar de un extremo a otro y ellas siempre están en el centro de su cordura. Llegan a una decisión tras mucho pensar, pues

es más fácil evitar el peligro que salir bien de él. Estos asuntos son tentaciones del juicio y es más seguro huirlas que vencerlas. Cada peligro trae otro mayor, y aproxima al precipicio. Hay hombres imprudentes que, por temperamento o por su país de origen, se meten fácilmente en obligaciones, pero el que camina a la luz de la razón va siempre muy atento al caso. Considera mejor no arriesgarse que vencer y, si encuentra a un necio imprudente, evita que, con él, haya dos.

48

Cuanto mayor fondo tiene el hombre, tanto tiene de persona. Como los brillos interiores y profundos del diamante, lo interior del hombre siempre debe valer el doble de lo exterior. Hay sujetos que solo son fachada, como casas sin acabar porque faltó caudal: tienen la entrada de palacio y de choza las habitaciones. No hay en estos dónde descansar, o todo descansa, porque tras el saludo se acabó la conversación. Entran con las primeras amabilidades como caballos sicilianos,[6] e inmediatamente se convierten en silenciarios,[7] pues se agotan las palabras donde no hay una continua corriente de ingenio. Estos engañan fácilmente a otros que también tienen la vista superficial, pero no a la astucia. Esta mira por dentro y los halla vacíos como en la fábula.[8]

6. Caballos gallardos completamente armados.

7. Quienes se ocupan de hacer guardar el silencio en un templo. En la época de Gracián también se decía de quienes guardaban continuo silencio.

8. Alude a la fábula XLIII de Esopo.

49 *Ser hombre juicioso y observador.* Él manda en los objetos y no los objetos en él. Sonda los fondos más profundos; sabe trazar con perfección la anatomía del talento. Entiende y valora la esencia de cualquiera con solo verlo. Es, por sus raras dotes de observación, un gran descifrador de la más oculta interioridad. Observa con rigor, piensa sutilmente, infiere con juicio. Todo lo descubre, advierte, alcanza y comprende.

50 *Nunca perderse el respeto a sí mismo.* Es mejor que ni siquiera se familiarice consigo mismo a solas. Su misma entereza debe ser la norma propia de su rectitud. Es mejor que deba más a la severidad de su opinión que a todas las normas externas. Que deje de hacer lo indecente más por el temor de su propia cordura que por el rigor de la autoridad ajena. Si llega a temerse, no necesitará del imaginario ayo de Séneca.[9]

51 *Saber elegir.* Vivir es saber elegir. Se necesitan buen gusto y un juicio rectísimo, pues no son suficientes el estudio y la inteligencia. No hay perfección donde no hay elección. Ella tiene dos ventajas: poder escoger y elegir lo mejor. Muchos con una inteligencia rica y sutil, con un juicio riguroso, estudiosos y de cultura

9. Su propia conciencia.

amena se pierden cuando tienen que elegir. Siempre se casan con lo peor, tanto que parecen hacer ostentación de equivocarse. Por ello, este es uno de los máximos dones del cielo.

52 *Nunca perder la compostura.* La finalidad principal de la prudencia es no perder nunca la compostura. De ello da prueba el verdadero hombre, de corazón perfecto, porque es difícil conmover a cualquier ánimo elevado. Las pasiones son los humores del ánimo; cualquier exceso en ellas perjudica a la prudencia; y si el mal llega a los labios, la reputación peligrará. Uno debe ser tan gran dueño de sí que ni en la mayor prosperidad ni en la mayor adversidad nadie pueda criticarle por haber perdido la compostura. Así será admirado como superior.

53 *Ser diligente e inteligente.* La diligencia hace con rapidez lo que la inteligencia ha pensado con calma. La prisa es una pasión de necios: como no descubren el límite, actúan sin reparo. Por el contrario, los labios suelen pecar de lentos, pues una mirada atenta obliga a detenerse. A veces lo acertado de una observación se malogra por negligencia al actuar. La diligencia es la madre del éxito. Mucho consiguió quien no dejó nada para mañana. Correr despacio es el augusto lema.[10]

10. Se atribuye a Augusto: *festina lente.*

54 *Tener valor y prudencia.* Hasta las liebres se atreven con el león muerto. Con el valor no hay bromas. Si se cede en lo primero, también habrá que ceder en lo segundo, y así hasta el final. La misma dificultad habrá que vencer después: más vale hacerlo ahora. El valor del ánimo es superior al del cuerpo. Es como la espada: debe ir siempre envainado en su prudencia hasta la ocasión oportuna. Es la defensa de la persona. Más daña la flaqueza del ánimo que la del cuerpo. Muchos tuvieron cualidades eminentes, pero, por faltarles este aliento, parecieron muertos y acabaron sepultados en su flojedad. No sin previsión juntó la solícita naturaleza la dulzura de la miel con lo picante del aguijón de la abeja. Nervios y huesos hay en el cuerpo: que no sea el ánimo todo blandura.

55 *Saber esperar.* Hacerlo demuestra un gran corazón, con más amplitud de sufrimiento. Nunca apresurarse, nunca apasionarse. Si uno es señor de sí, lo será después de los otros. Hay que caminar por los espacios abiertos del tiempo hasta el centro de la ocasión oportuna. La espera prudente sazona los aciertos y madura los secretos pensamientos. La muleta del tiempo es más útil que el afilado palo de Hércules. Dios mismo no castiga con bastón, sino con sazón, con tiempo. Es un gran dicho: «El tiempo y yo, a otros dos».[11] La misma Fortuna premia la espera con un gran galardón.

11. Correas lo recoge como refrán y explica que da «a entender lo mucho que uno puede hacer con vida y tiempo». Arturo del

56 *Tener buenas improvisaciones.* Nacen de una afortunada prontitud. No padecen aprietos ni azares por su vivacidad y soltura. Algunos piensan mucho para después equivocarse en todo, mientras otros lo aciertan todo sin pensarlo antes. Algunos tienen caudales de antiperístasis[12] con los que actúan mejor en las dificultades. Suelen ser monstruos que todo lo aciertan de pronto y todo lo yerran al pensar. Lo que no se les ocurre en el acto nunca lo alcanzarán después. Hay que elogiar a los prestos porque demuestran una capacidad prodigiosa: sutileza en las ideas y prudencia en las obras.

57 *Más seguros son los reflexivos.* Es suficientemente rápido lo que está bien. Lo que se hace deprisa, deprisa se deshace. Pero lo que tiene que durar una eternidad debe tardar otra en hacerse. No se atiende más que a la perfección. Solo el acierto permanece. El entendimiento profundo consigue eternidades. Lo que mucho vale mucho cuesta. El metal más precioso es el que más tarda en fundirse y el más pesado.

Hoyo reproduce la interpretación de Baltasar Porreño: «Vale mucho el tiempo, pues sin él no se obra cosa de provecho y tiene grande espera».

12. Interacción de cualidades opuestas que favorece a ambas.

58 *Saber adaptarse.* Uno no se debe mostrar igualmente inteligente con todos, ni se deben emplear más fuerzas de las necesarias. Ni derroches de sabiduría ni de méritos. El buen halconero no echa a la presa más aves que las necesarias para cazarla. No se haga de la ostentación la norma, pues al día siguiente no causará admiración. Siempre debe haber novedad con qué destacar. Quien cada día se descubre un poco más siempre mantiene la expectación y nunca nadie descubre dónde acaba su talento.

59 *Salir con buen pie.* En la casa de la Fortuna si se entra por la puerta del placer se sale por la del pesar, y viceversa. Atención a los finales: hay que poner más cuidado en un final feliz que en una aplaudida entrada. Es frecuente que los afortunados tengan muy favorables comienzos y muy trágicos finales. El punto no está en el vulgar aplauso de la entrada, que todas son plausibles, sino en la general aceptación de la salida, que son más raras. Pocas veces acompaña la suerte a los que salen: es educada con los que vienen y descortés con los que van.

60 *Buen juicio.* Algunos ya nacen prudentes. Llegan a la sabiduría con esta ventaja de un innato buen juicio, y por eso ya tienen andado medio camino para acertar.

Con la edad y la experiencia la razón madura completamente. Alcanzan un juicio muy equilibrado. Rechazan todo capricho como tentación de la prudencia, especialmente en materias de Estado en las que por su suma importancia se requiere total seguridad en los aciertos. Estos merecen asistir al timón del Estado como gobernantes o consejeros.

61 *Eminencia en lo mejor*. Es una gran singularidad entre la pluralidad de perfecciones. No puede haber hombre grande que no tenga alguna cualidad sublime. Las medianías no son objeto de aplauso. La eminencia en un empleo relevante eleva desde lo ordinario común hasta la categoría de sobresaliente. Ser eminente en una profesión humilde es ser algo en lo poco: tanto tiene de placer fácil como de poca gloria. La eminencia en materias elevadas es como tener un carácter de soberano: gana la admiración y el afecto.

62 *Contar con buenos colaboradores*. Algunos quieren que su extremada perspicacia domine sobre las limitaciones de los colaboradores. Es una peligrosa satisfacción que merece un castigo fatal. La grandeza del superior nunca disminuyó por la competencia del subordinado; más bien, toda la gloria de los aciertos revierte después sobre la causa principal, igual que ocurre con los fracasos. La reputación siempre va unida a los

superiores. Nunca se dice: aquel tuvo buenos o malos subordinados, sino aquel fue buen o mal artífice. Los colaboradores deben ser elegidos y probados, pues de ellos dependerá una reputación inmortal.

63 *La excelencia de ser el primero.* Y si es con eminencia, la excelencia será doble. Es una gran ventaja ser mano en el juego, pues gana en igualdad de circunstancias. Muchos hubieran sido fénix en los empleos de no tener a otros delante. Los primeros se llevan el mayorazgo de la fama, mientras que los segundos tienen que pleitear por los alimentos; por más que trabajen, no pueden quitarse la acusación de imitadores. Los excelentes inventan con perspicacia nuevos caminos para la eminencia, pero antes deben asegurarse de que son acciones prudentes. Los sabios, por la novedad en los asuntos, se hicieron un lugar en la lista de los famosos. Algunos prefieren ser primeros en segunda categoría que ser segundos en la primera.

64 *Ahorrarse disgustos.* Es útil y cuerdo ahorrarse disgustos. La prudencia evita muchos: es la Lucina[13] del éxito y, por eso, también del contento. No hay que dar malas noticias, y menos aún recibirlas; deben tener prohibida la entrada, a no ser la del remedio. A unos se les

13. Diosa romana del parto.

corrompen los oídos de oír muchas alabanzas dulces, y a otros de escuchar muchos chismes amargos. Hay quien no sabe vivir sin algún sinsabor cotidiano, como Mitrídates[14] sin veneno. Tampoco se debe conservar la regla de, por querer agradar a otro una vez, por allegado que sea, causarse a sí mismo un disgusto para toda la vida. Nunca se debe pecar contra la propia felicidad por complacer al que aconseja y permanece ajeno. En todo acontecimiento, siempre que se opongan el agradar a otro y el causarse un disgusto, es lección provechosa que más vale que el otro se disguste ahora que no tú después y sin remedio.

65 *Un gusto excelente*. Se puede cultivar, igual que la inteligencia. La excelente comprensión de las cosas refina el deseo y después aumenta el placer de poseerlas. Se conoce una capacidad elevada por el gusto elevado. Se necesita mucha materia para satisfacer una gran capacidad. Así como los grandes bocados son para grandes paladares, las materias sublimes son para los sublimes caracteres. Las mayores materias temen a este gusto y las más seguras perfecciones desconfían. Como son pocas de las de primera magnitud, será sobresaliente el aprecio. Los gustos se pegan con el trato y se heredan con la continuidad: es una gran suerte tratar con quien lo tiene en su punto. Pero no se debe hacer hábito del desagrado de todo, pues es una necia exageración, más

14. Mitrídates VI el Grande (132-63 a. C.), rey del Ponto, que bebía veneno en pequeñas cantidades para evitar morir envenenado.

odiosa por ostentación que por exceso. Algunos quisieran que Dios creara otro mundo y otras perfecciones para satisfacer su extravagante fantasía.

66 *Cuidado para que salgan bien las cosas.* Algunos ponen el objetivo más en una dirección rigurosa que en alcanzar el éxito, pero siempre pesa más el descrédito del fracaso que el uso adecuado de los medios. El que vence no necesita dar explicaciones. La mayoría no percibe los detalles del procedimiento, sino los buenos o los malos resultados; por eso nunca se pierde reputación cuando se consigue lo deseado. Todo lo dora un buen final, aunque lo contradigan los medios desacertados. La regla es ir contra las reglas cuando no se puede conseguir de otro modo un resultado feliz.

67 *Preferir las ocupaciones de reconocido prestigio.* La mayoría de las cosas depende de la satisfacción ajena. La estima es a las perfecciones lo que el céfiro a las flores: aliento y vida. Hay empleos expuestos a la aclamación general, y hay otros, aunque más importantes, absolutamente invisibles. Aquellos, por desarrollarse a la vista de todos, gozan de la simpatía de todos; estos, aunque son excelentes y más perfectos, se quedan en el secreto de lo imperceptible y son venerados, pero no aplaudidos. Entre los príncipes, los victoriosos son los celebrados, y por eso los reyes de Aragón fueron tan

plausibles por guerreros, conquistadores y magnánimos. El hombre grande preferirá los empleos célebres que todos perciban y conozcan, para que quede inmortalizado con el sufragio de todos.

68 *Hacer que comprendan*. Es más importante que hacer recordar. Unas veces hay que recordar y otras, aconsejar. Algunos dejan de hacer las cosas cuando es más conveniente porque no se les ocurre; entonces la advertencia del amigo debe ayudar a ver la utilidad. Una de las mayores excelencias de la mente es ocurrírsele con rapidez lo que importa. Por falta de esto se dejan de tener muchos aciertos. Ayude con prudencia quien pueda y pida ayuda, con discreción, quien la necesite: basta una insinuación. Es necesaria esta delicadeza cuando afecta a quien despierta. Conviene tener buen gusto y pasar a más cuando no bastara. Como ya se tiene el no, váyase en busca del sí con destreza, que la mayoría de las veces no se consigue porque no se intenta.

69 *No rendirse a los malos humores*. El gran hombre nunca se sujeta a las variaciones anímicas. Es una lección de prudencia la reflexión sobre sí mismo, conocer su verdadera disposición y prevenirla e incluso desviarse hacia el otro extremo para hallar el equilibrio del buen sentido entre la naturaleza y el arte. Conocerse es

empezar a corregirse. Hay monstruos de la impertinencia que siempre están de algún humor y los afectos varían con ellos; eternamente arrastrados por esta grosera destemplanza, se arriesgan de modo contradictorio. Y no solo corrompe la voluntad este exceso, sino que alcanza al juicio, y altera la voluntad y el entendimiento.

70 *Saber negar.* No se debe conceder todo, ni a todos. Tanto importa saber negar como saber conceder, y en los que mandan es una prudencia necesaria. Y aquí interviene la forma: más se estima el no de algunos que el sí de otros, porque un no dorado satisface más que un sí a secas. Hay muchos que siempre tienen en la boca el no, con lo que todo lo estropean. En ellos el no es siempre lo primero, y aunque después todo lo vienen a conceder, no se les tiene en cuenta por el disgusto inicial. No se deben negar de golpe las cosas, pues es mejor una decepción a sorbos. Tampoco se debe negar del todo, pues se suprimiría la dependencia. Es mejor que queden siempre algunos restos de esperanza para que templen lo amargo de la negativa. La cortesía debe llenar el vacío del favor y suplir las buenas palabras la falta de obras. El no y el sí son breves de decir y exigen pensar mucho.

71 *No ser desigual, de proceder anómalo*, ni por inclinación natural ni por gusto. El hombre prudente siempre fue el mismo en todas sus buenas cualidades,

que esto habla bien de su inteligencia. Su cambio debe estar justificado por causas y méritos. En materia de prudencia es fea la variación. Hay algunos que cada día son diferentes de sí; hasta el entendimiento tienen desigual, y más la voluntad e incluso la suerte: el que ayer fue el blanco de su sí hoy es el negro de su no. Contradicen su propio prestigio y confunden la opinión ajena.

72 *Ser decidido*. Menos daña la mala ejecución que la falta de decisión. No se corrompen tanto las materias cuando corren como estancadas. Hay hombres irresolutos que necesitan de la ajena motivación en todo. A veces el origen no está tanto en la perplejidad, pues son perspicaces, cuanto en la inactividad. Objetar suele ser ingenioso, pero más lo es el hallar salida a los inconvenientes. Hay otros, de gran juicio y determinación, que no se detienen ante nada. Nacieron para ocupaciones elevadas porque su despejada comprensión facilita el acierto y la resolución. Todo lo encuentran hecho: a uno de estos, después de haber explicado un mundo, le quedó tiempo para otro.[15] Cuando están afianzados en su éxito, se aventuran con más seguridad.

15. Alusión a Alfonso X el Sabio, que estudió este mundo y el de los astros.

73 *Saber usar evasivas*. Es el recurso de los prudentes. Con la galantería de un donaire suelen salir del más intrincado laberinto. Con una sonrisa, airosamente, se evita la contienda más difícil. El mayor de los grandes capitanes fundaba en esto su valor.[16] Cambiar de conversación es una treta cortés para decir que no. No hay mayor discreción que no darse por enterado.

74 *No ser intratable*. Las verdaderas fieras están en las ciudades. Ser inaccesible es vicio de los que se desconocen a sí mismos, los que con los honores cambian los humores. Enfadar al principio no es camino para la estima. ¡Hay que ver a uno de estos monstruos intratables con su impertinente fiereza siempre a punto! Los que, por desgracia, dependen de ellos empiezan a hablarles como si fueran a lidiar con tigres, armados con palo y recelo. Para subir al puesto agradaron a todos, y una vez en él se quieren desquitar enfadando a todos. Por la ocupación deben tratar con muchos, pero por aspereza y arrogancia todos les huyen. Para estos el mejor castigo es dejarlos estar, apartando la prudencia junto con el trato.

16. Se refiere a Gonzalo Fernández de Córdoba, el Gran Capitán (1453-1515).

75 *Elegir un modelo elevado*, más para superarlo que para imitarlo. Hay ejemplares de grandeza y textos animados por la reputación. Propóngase como modelo, cada uno en su ocupación, a los de más mérito, no tanto para seguirlos como para adelantarlos. Alejandro lloró no a Aquiles sepultado, sino a sí mismo cuando aún no había llegado a la fama.[17] No hay nada que excite más las ambiciones en el ánimo como el clarín de la fama ajena. El mismo que abate la envidia alienta la nobleza.

76 *No estar siempre de broma*. La prudencia se conoce en la seriedad, que está más acreditada que el ingenio. El que siempre está de burlas no es hombre de veras. A estos los igualamos con los mentirosos al no creerlos; a los unos por recelo de la mentira, a los otros, de su burla. Nunca se sabe cuándo hablan con juicio, lo que es tanto como no tenerlo. No hay mayor desaire que el continuo donaire. Otros ganan fama de chistosos y pierden el crédito de prudentes. Lo jovial debe tener su momento, y la seriedad, todos los demás.

17. Gracián ha unido dos anécdotas distintas, ambas recogidas por Plutarco: la visita de Alejandro Magno a la tumba de Aquiles, donde no llora su muerte, sino que envidia que Aquiles haya sido cantado por Homero; y el llanto de Julio César cuando, a la edad en que Alejandro Magno ya ha conquistado el mundo, él aún no había hecho nada importante.

77 *Saber adaptarse a todos*. Ser un discreto Proteo:[18] docto con el docto y santo con el santo. Es el gran arte de ganar a todos, porque la semejanza atrae la simpatía. Observar los caracteres y ajustarse al de cada uno. Al serio y al jovial seguirles la corriente, transformándose cortésmente. Es necesario para los que dependen de otros. Esta gran destreza para vivir necesita una gran capacidad. Es menos difícil para el hombre muy culto y de amplios y gratos gustos.

78 *Comenzar con pies de plomo*. La Necedad siempre entra de rondón, pues todos los necios son audaces. Su misma estupidez, que les impide primero advertir los inconvenientes, después les quita el sentimiento de fracaso. Pero la Prudencia entra con gran tiento. Sus bastidores son la Observación y la Cautela; ellas van abriendo camino para pasar sin peligro. Cualquier Acción Irreflexiva está condenada al fracaso por la Discreción, aunque a veces la salva la Suerte. Conviene ir con cuidado donde se teme que hay mucho fondo; que lo prepare la Sagacidad y que la Prudencia vaya ganando terreno. Hoy hay muchos bajíos en el trato humano y conviene ir siempre con la sonda en la mano.

18. Dios de la mitología clásica que podía adoptar cualquier forma de la naturaleza.

79 *Carácter jovial*. Con moderación, es una cualidad y no un defecto. Un grano de gracia todo lo sazona. Los mayores hombres también mueven la pieza del donaire, que atrae la gracia de todo el mundo. Pero respetando la prudencia y guardando el decoro. Otros hacen de una gracia el atajo para salir airosamente de un problema, pues hay cosas que se deben tomar en broma, incluso a veces las que el otro toma más en serio. Indica apacibilidad y es embrujo de los corazones.

80 *Cautela al informarse*. Se vive más de oídas que de lo que vemos. Vivimos de la fe ajena. El oído es la segunda puerta de la verdad y la principal de la mentira. De ordinario la verdad se ve y excepcionalmente se oye. Raras veces llega en su puro elemento y menos cuando viene de lejos: siempre trae algo de mezcla de los ánimos por donde ha pasado. La pasión tiñe de sus colores todo lo que toca, en contra o a favor. Se inclina siempre a impresionar: hay que tener mucho cuidado con el que alaba, mayor con el que critica. Es necesaria mucha atención en este punto para descubrir la intención del intermediario, conociendo de antemano de qué pie cojea. La cautela debe ser contrapeso de lo falto y de lo falso.

81 *Renovar el lucimiento.* Es un privilegio del ave fénix. La excelencia suele envejecer; y, con ella, la fama. La costumbre disminuye la admiración y una novedad mediana suele vencer a la mayor eminencia una vez envejecida. Hay que renovar el valor, el ingenio, el éxito, todo. Hay que aventurarse a renovar en brillantez, amaneciendo muchas veces como el sol, cambiando las actividades del lucimiento. La privación provocará el deseo; y la novedad, el aplauso.

82 *Nunca apurar ni el mal ni el bien.* Un sabio redujo toda la sabiduría a la moderación en todo. Apurar el derecho es injusticia, y la naranja que mucho se exprime amarga. Incluso en el placer nunca se debe llegar a los extremos. El mismo ingenio se agota si se apura, y sacará sangre en lugar de leche quien esquilme como si fuera un tirano.

83 *Permitirse algún desliz venial.* Un descuido suele ser a veces la mejor recomendación de las buenas cualidades. La envidia tiene su ostracismo, tanto más civil cuanto más criminal: acusa a lo muy perfecto de que peca en no pecar, y condena del todo lo que es perfecto en todo. Se convierte en Argos[19] para buscar

19. Personaje mitológico famoso por gozar de múltiples ojos por todo su cuerpo, lo que le convertía en el guardián ideal.

faltas a lo que es muy bueno, aunque sea como consuelo. La censura hiere, como el rayo, las más elevadas cualidades. Que dormite Homero de vez en cuando y fínjase, para calmar la malevolencia (no sea que reviente de veneno), algún descuido en la inteligencia o en el valor, pero nunca en la prudencia. Será como echar la capa al toro de la envidia para salvar la inmortalidad.

84 *Saber valerse de los enemigos*. Hay que saber coger todas las cosas no por el filo, para que hieran, sino por la empuñadura, para que defiendan; especialmente la emulación. Al hombre sabio le son más útiles sus enemigos que al necio sus amigos. Una malevolencia suele allanar montañas de dificultad que la benevolencia no se atrevería a pisar. A muchos sus enemigos les fabricaron su grandeza. Es más fiera la lisonja que el odio, pues este señala defectos que se pueden corregir, pero aquella los disimula. El prudente hace espejo de la ojeriza ajena, espejo más fiel que el del afecto; prepara además para reducir o enmendar los defectos. La cautela es grande cuando se vive junto a la emulación, a la malevolencia.

85 *No servir de comodín*. El mucho uso de lo excelente se convierte en abuso. Como todos lo desean, al final todos se enfadan. Es un gran defecto no servir para nada, y no menor querer servir para todo. Estos pierden por querer ganar muchas veces, y después son tan odiados

como antes fueron deseados. Se encuentran estos comodines en cualquier género de perfecciones: pierden la inicial consideración de extraordinarias y se desprecian por comunes. El único remedio de todo lo extremado es guardar equilibrio en el lucimiento: la perfección debe ser máxima; pero la ostentación, moderada. Cuanto más luce una antorcha, más se consume y menos dura. Una exhibición limitada se premia con una mayor estima.

86 *Prevenir los rumores.* La muchedumbre tiene muchas cabezas, y por eso muchos ojos para la malicia y muchas lenguas para el descrédito. A veces corre por ella un rumor que afea la mejor reputación y si se convierte en una extendida burla acabará con el renombre. Con frecuencia nace por algún error notorio, por ridículos defectos que son materia adecuada a las murmuraciones. Hay también descréditos malintencionados provocados por la envidia propia de la malicia común (pues hay bocas de malevolencia) y arruinan más rápido una buena reputación con un chiste que con una desvergüenza. Es muy fácil alcanzar mala fama, porque lo malo es muy creíble y cuesta mucho borrarlo. El hombre prudente debe evitar estos descréditos oponiendo sus dotes de observación a la insolencia vulgar. Es más fácil prevenir que remediar.

87 *Cultura y refinamiento*. El hombre nace bárbaro; debe cultivarse para vencer a la bestia. La cultura nos hace personas, y más cuanto mayor es la cultura. Gracias a ella Grecia pudo llamar bárbaro al resto del mundo. La ignorancia es muy tosca. Nada cultiva más que el saber. Pero incluso la cultura es grosera sin refinamiento. No solo debe ser refinada la inteligencia, sino también la voluntad, y más aún la conversación. Hay hombres refinados por naturaleza, por dentro y por fuera, en ideas y en palabras, en las gracias físicas (que son como la corteza) y las cualidades espirituales (que son el fruto). Por el contrario, hay otros tan groseros que todas sus cosas, y a veces sus buenas cualidades, las deslucieron con una intolerable y bárbara falta de refinamiento.

88 *Amplitud en el trato*. Hay que procurar que el trato sea elevado. El gran hombre no debe tratar de lo insignificante. Nunca se debe entrar en demasiados pormenores, y menos en las cosas desagradables. Aunque es ventajoso darse cuenta de todo como al descuido, no lo es quererlo averiguar todo con desmesurado interés. Normalmente debe procederse con una caballerosa y galante generalidad. Mandar es, en gran parte, no darse por enterado. Hay que dejar pasar la mayoría de las cosas entre familiares, amigos y especialmente entre enemigos. Toda nimiedad es molesta, y en el carácter es pesada. Recrearse en un disgusto es un tipo de manía. En general, cada uno se comporta según sean su corazón y su capacidad.

89 *Conocerse a sí mismo*. Conocer el carácter, la inteligencia, las opiniones y las inclinaciones. No se puede ser dueño de sí si primero no se conoce uno mismo. Hay espejos para la cara, pero no para el espíritu; este espejo debe serlo la prudente reflexión sobre uno mismo. Cuando uno se despreocupe de su imagen exterior, debe conservar la interior para enmendarla y mejorarla. Tiene que conocer las fuerzas de su prudencia y perspicacia para emprender proyectos, comprobar su tesón para vencer el riesgo, tener medido su fondo y su capacidad para todo.

90 *El arte para vivir mucho*: vivir bien. Dos cosas acaban rápidamente con la vida: la necedad o el vicio. Unos perdieron la vida por no saberla guardar y otros por no querer hacerlo. Igual que la virtud es el premio de la virtud, el vicio es el castigo del vicio. Quien vive deprisa en el vicio pronto termina de dos maneras: acaba con la vida y con la honra. Quien vive deprisa en la virtud nunca muere. La entereza del ánimo se transmite al cuerpo: la vida buena es larga no solo por su intensidad, sino también por su extensión.

91 *Obrar sólo si no hay dudas sobre la prudencia*. La sospecha de desacierto en el que actúa se convierte en evidencia para el que mira, y mucho más si fuera un

competidor. Si acaloradamente se adopta, con dudas, una decisión, después, sin pasión, se condenará la necedad manifiesta. Son peligrosas las acciones en las que duda la prudencia. Es más seguro no realizarlas. La prudencia no admite probabilidades. Siempre camina al mediodía de la luz de la razón. ¿Cómo puede salir bien un asunto que apenas concebido ya lo está condenando el recelo? Y si la decisión tomada sin ninguna discrepancia interior suele salir mal, ¿qué le espera a la que comenzó con dudas razonables y justificados malos pronósticos?

92 *Buen sentido trascendental*, es decir, en todo. Es la primera y más alta regla para obrar y hablar, más recomendable cuanto mayores y más elevadas son las ocupaciones. Más vale un grano de buen sentido que montañas de inteligencia. Así se camina seguro, aunque no tan aplaudido. Pero la reputación de prudente es el triunfo de la fama. Con ella se satisface a los prudentes, cuya aprobación es la piedra de toque de los aciertos.

93 *Hombre universal.* Está hecho de todas las perfecciones y vale por muchos. Hace muy feliz la vida, y traslada este placer a los amigos. La variedad con perfección es entretenimiento de la vida. Es un gran arte saber disfrutar de todo lo bueno. La naturaleza hizo del hombre, por su eminencia, un compendio de todo lo

natural; que el arte lo convierta en un universo por el ejercicio y cultivo tanto del buen gusto como de la inteligencia.

94 *Capacidad inabarcable.* Es mejor que el hombre prudente evite que le midan la profundidad de su sabiduría y méritos, si quiere que todos le veneren. Que sea conocido pero no comprendido. Que nadie le averigüe los límites de la capacidad, para huir del peligro evidente del desengaño. Que nunca dé lugar a que ninguno le alcance del todo. Causa mayor veneración la opinión y la duda sobre dónde llega la capacidad de cada uno que la evidencia de ella, por grande que fuera.

95 *Saber mantener la expectación*: alimentarla siempre. Hay que prometer más y mucho. La mejor acción debe ser hacer un envite de gran cantidad. No se tiene que echar todo el resto en la primera buena jugada. Es una gran treta saber moderarse en las fuerzas, en el saber, e ir adelantando el triunfo.

96 *Un extraordinario buen sentido.* Es el trono de la razón, base de la prudencia, y por él cuesta poco acertar. Es el regalo del cielo más deseado por ser el prime-

ro y el mejor. Es la primera pieza dc la armadura, tan necesaria quc, si falta cualquier otra, el hombre no será llamado falto. Su menos, su falta, se nota más. Todas las acciones de la vida dependen de su influencia, y todas solicitan su aprobación, pues todo tiene que hacerse con seso, con buen sentido. Consiste en una propensión innata a todo lo que está de acuerdo con la razón. Siempre se casa con lo más acertado.

97 *Conseguir y conservar la reputación.* Es el usufructo de la fama. Cuesta mucho porque nace de las eminencias, tan raras como comunes son las medianías. Una vez conseguida, se conserva con facilidad. Obliga mucho y obra más. Es un tipo de majestad cuando llega a ser veneración, por la sublimidad de su origen y de su ámbito. Aunque la reputación en sí misma siempre se ha valorado.

98 *Ocultar la voluntad.* Las pasiones son los portillos del ánimo. El saber más práctico consiste en disimular. El que juega a juego descubierto tiene riesgo de perder. Que compita la reserva del cauteloso con la observación del advertido. A la mirada de lince, un interior de tinta de calamar. Es mejor que no se sepa la inclinación, para evitar ser conocido tanto en la oposición como en la lisonja.

99 *Realidad y apariencia*. Las cosas no pasan por lo que son, sino por lo que parecen. Son raros los que miran por dentro, y muchos los que se contentan con lo aparente. No basta tener razón si la cara es de malicia.

100 *El hombre desengañado, que conoce los errores y engaños de la vida*: es sabio virtuoso y filósofo del mundo. Serlo, pero no parecerlo, y mucho menos hacer ostentación. La filosofía moral está desacreditada, aunque es la mayor ocupación de los sabios. La ciencia de los prudentes vive desautorizada. Séneca la introdujo en Roma y luego se conservó en los palacios. Hoy se considera impertinente, pero siempre el desengaño fue pasto de la prudencia y delicia de la entereza.

101 *La mitad del mundo se está riendo de la otra mitad, y ambas son necias*. Según las opiniones, o todo es bueno o todo es malo. Lo que uno sigue el otro lo persigue. Es un necio insufrible el que quiere regularlo todo según su criterio. Las perfecciones no dependen de una sola opinión: los gustos son tantos como los rostros, e igualmente variados. No hay defecto sin afecto. No se debe desconfiar porque no agraden las cosas a algunos, pues no faltarán otros que las aprecien. Ni enorgullezca el aplauso de estos, pues otros lo condenarán. La norma de la verdadera satisfacción es la apro-

bación de los hombres de reputación y que tienen voz y voto en esas materias. No se vive de un solo criterio, ni de una costumbre, ni de un siglo.

102 *Estómago para los grandes bocados de la fortuna.* En el cuerpo de la prudencia no es la parte menos importante un gran buche, pues una gran capacidad se compone de grandes partes. No se llena de gran dicha quien merece otra mayor: lo que es indigestión para unos es hambre para otros. A muchos se les corrompe cualquier exquisito manjar por la poquedad de carácter, no acostumbrado ni hecho para tan elevadas ocupaciones. El trato se les agria, y con los humos que se levantan de la inmerecida honra se les turba la cabeza. Corren gran peligro en los lugares altos y no caben en sí porque no cabe en ellos la suerte. El gran hombre debe mostrar que aún le queda capacidad para cosas mayores, y huir con especial cuidado de todo lo que puede dar indicio de un corazón angosto.

103 *Cada uno procure la dignidad en su justa medida.* Que todas las acciones sean, si no de un rey, dignas de tal, según su condición. Que cada uno actúe como un rey, dentro de los límites (bien considerados) de su estado: acciones elevadas y altos pensamientos. Y que por sus méritos se parezca a un rey en toda actividad. La verdadera soberanía está en el recto comportamiento. Nada tendrá que envidiar a la grandeza quien sea norma de ella. Especialmente a los allegados al trono pégueseles algo de la verdadera superioridad. Es mejor participar de las cualidades de la majestad que de las ceremonias de la vanidad; no desear la imperfecta hinchazón, sino lo verdaderamente sustancial.

104 *Tener tomado el pulso a los empleos.* Hay diferencias entre ellos. Es un conocimiento magistral que necesita prudencia. Unos necesitan valor; y otros, perspicacia. Se manejan con más facilidad los que dependen de la rectitud, y con más dificultad los que precisan cautela. Para aquellos no es necesario más que buena disposición; para estos no basta toda la atención y el desvelo. Dirigir a los hombres es una ocupación trabajosa, y más si son locos o necios. Es necesario un doble buen sentido con quien no lo tiene. Es un empleo intolerable el que exige una dedicación absoluta, a horas fijas y es rutinario. Son mejores los que están libres de fastidio al unir variedad e importancia, pues el cambio proporciona placer. Los más autorizados son los que tienen una dependencia más o menos distante. Los peores son los que hacen sudar, en la tierra y ante Dios.

105 *No cansar.* Suele ser pesado el hombre de un solo asunto y el que habla de un solo tema. La brevedad agrada y es útil: gana por lo cortés lo que pierde por lo

corto. Lo bueno, si breve, dos veces bueno; incluso lo malo, si poco, no tan malo. Más consiguen quintaesencias que fárragos. Es una verdad común que el hombre largo (no tanto en estatura como en discurso) raras veces es sabio. Hay hombres que más sirven de molestia que de adorno del universo. Son alhajas sin estimación que todos rechazan. El discreto debe evitar molestar, y mucho menos a grandes personajes, que viven muy ocupados, y sería peor irritar a uno de ellos que al resto del mundo. Lo bien dicho enseguida se dice.

106 *No hacer ostentación de la suerte*. Más ofende jactarse del cargo que de uno mismo. Presumir de hombre importante es odioso; debía bastar con ser envidiado. Se consigue menos estimación cuanto más se busca. Depende del respeto ajeno, por eso uno no se la puede tomar, sino merecer la de los otros y aguardarla. Los grandes empleos necesitan una gravedad ajustada a su ejercicio. Sin ella no pueden ejercerse dignamente. Debe conservarse la que el empleo merece para cumplir con lo sustancial de sus obligaciones. No hay que agotar la gravedad, sino aumentarla. Todos los que presumen de ocupados en su empleo indican que no lo merecían y que el cargo les resulta grande. Es mejor valerse de las cualidades elevadas, si es preciso, que de las cosas exteriores. Se debe venerar más a un rey por la persona que por la soberanía extrínseca.

107 *No mostrar satisfacción de sí.* No se viva ni descontento (es quedarse corto) ni satisfecho (es una necedad). Para la mayoría, la satisfacción nace de la ignorancia y acaba en una felicidad necia que mantiene el placer, pero no la estima. Como no percibe las superlativas perfecciones en los otros, se contenta con cualquier mediocridad propia. Siempre fue útil y prudente el recelo. Sirve para que salgan bien las cosas o como consuelo cuando salieran mal. Al que ya se lo temía no le parece nuevo el revés de su suerte. El mismo Homero dormita a veces, y Alejandro cae de su estado y de su engaño. Las cosas dependen de muchas circunstancias; y la que en un lugar y en un momento triunfa en otro fracasa. Pero la necedad es incorregible: la satisfacción más vana se convierte en flor y su semilla siempre brota.

108 *Atajo para ser una verdadera persona*: saber relacionarse. Es muy eficaz el trato: se comunican las costumbres y los gustos, se contagia el carácter e incluso, sin sentir, la inteligencia. Debe procurar el impetuoso juntarse con el reflexivo, y así en los demás caracteres. Con esto conseguirá la moderación sin violentarse. Es gran destreza saber adaptarse. La alternancia de contrarios embellece el universo y lo sustenta. Si es causa de armonía en la naturaleza, con más motivo en la moral. Es conveniente usar esta práctica advertencia al elegir amigos y servidores. Con el contacto de los extremos se alcanzará el justo medio.

109 *No ser acusador*. Hay hombres de carácter fiero que todo lo consideran delito, y no por pasión, sino por naturaleza. Condenan a todos: a unos porque hicieron, a otros porque harán. Esto indica un ánimo peor que cruel, vil. Acusan con tal exageración que de los átomos hacen vigas para sacar los ojos. En cada puesto convierten en torre de vigilancia lo que fuera un paraíso. Pero si además hay pasión, de todo hacen extremos. Por el contrario, la ingenuidad encuentra disculpa para todo en la intención o en la inadvertencia.

110 *No esperar a ser un sol que se pone*. Es una máxima de los prudentes dejar las cosas antes de que ellas los dejen. Uno debe saber hacer un éxito de la muerte misma. A veces el sol, con buena luz, suele retirarse a una nube porque no lo vean caer, y deja con la duda de si se puso o no. Se deben evitar los ocasos para no reventar de desaires. Que no aguarde a que le vuelvan las espaldas, pues le sepultarán vivo para su propio sentimiento y muerto para la estima. El prudente jubila con tiempo al caballo de carreras y no aguarda a que, cuando caiga, se rían en medio de la prueba. La belleza debe romper el espejo con tiempo y con astucia, y no con impaciencia después de haber visto su error.

111 *Tener amigos*. Es el segundo ser. Todo amigo es bueno y sabio para el amigo. Entre ellos todo sale bien. Uno valdrá tanto como quieran los demás. Para que quieran se les debe ganar la boca por el corazón: no hay magia como el buen servicio, y para ganar amistades el mejor medio es hacer favores. Lo más y mejor que tenemos depende de los otros. Se debe vivir con amigos o con enemigos. Cada día se debe ganar uno, si no íntimo, sí afectuoso. Algunos se convertirán en confidentes si se ha elegido bien.

112 *Ganar la benevolencia*. Incluso la primera y más alta Causa la prepara en sus asuntos más importantes. Por el afecto se alcanza la reputación. Algunos se fían tanto del mérito que no valoran el esfuerzo. Sin embargo, la prudencia sabe bien que los méritos solos darán un gran rodeo si no se ayudan del favor. Todo lo facilita y suple la benevolencia. No siempre supone las cualidades, sino que las pone donde no las hay, como el valor, la entereza, la sabiduría, hasta la discreción. Nunca ve las fealdades porque no las quiere ver. Normalmente nace de la semejanza de carácter, raza, parentesco, patria y ocupación. La espiritual es más elevada en cualidades, obligaciones, reputación y méritos. Toda la dificultad es ganarla, pues se conserva con facilidad. Se puede obtener y hay que saber usarla.

113 *Prepararse en la buena suerte para la mala fortuna.* Es un buen recurso hacer provisión en el verano para el invierno, y además es más fácil. En ese momento los favores necesitan poco esfuerzo y hay abundancia de amistades. Es bueno conservar para el mal tiempo, pues la adversidad es difícil y carece de todo. Es mejor tener una reserva de amigos y de agradecidos, pues algún día se valorará lo que ahora no parece importante. La villanía nunca tiene amigos en la prosperidad porque los desconoce. En la adversidad ellos la desconocen a ella.

114 *Nunca competir.* Cuando en una actividad hay oposición la reputación se daña. La competencia, para perjudicar, tiende de inmediato al descrédito. Son pocos los que tienen juego limpio. La rivalidad descubre los defectos que la cortesía había olvidado: muchos vivieron acreditados mientras no tuvieron rivales. El calor de la rivalidad aviva o resucita las infamias muertas, desentierra pasados y antepasados trapos sucios. La competencia se inicia con la exposición de defectos, y se ayuda de cuanto puede y no debe. A menudo, aunque las ofensas no tengan ninguna utilidad, sirven para satisfacer vilmente la venganza. Esta golpea de tal modo que hace salir los defectos del polvo del olvido. La benevolencia siempre fue pacífica, y benévola la reputación.

115 *Acostumbrarse a las malas condiciones de los que nos rodean*, igual que a las caras feas. Es conveniente cuando hay trato. Hay caracteres fieros con los que no se puede vivir, ni con ellos ni sin ellos. Es una destreza irse acostumbrando, como a la fealdad, para que no resulten una sorprendente novedad en una ocasión terrible. La primera vez espantan, pero poco a poco se les viene a perder aquel primer horror. La cautela previene, o tolera, lo que no nos gusta.

116 *Tratar siempre con gente de principios*. Uno puede arriesgarse y ganar su confianza. Su misma honradez es la mayor seguridad de su trato, incluso para reñir, pues obran como quienes son. Más vale pelear con gente de bien que triunfar sobre gente de mal. No hay buenas relaciones con la ruindad, porque carece de virtud. Por eso entre ruines nunca hay verdadera amistad. Hay que desconfiar de sus finezas, porque no son honradas. Debe rechazarse al hombre sin honra: quien no la estima no estima la virtud. La honra es el trono de la rectitud.

117 *Nunca hablar de sí*. O se debe alabar (es vanidad) o se debe criticar (es limitación). Es falta de cordura en quien habla y castigo para los que oyen. Si esto se debe evitar en la amistad, mucho más en los puestos elevados, donde se habla en público y pasa por necedad cualquier apariencia de ella. La misma indiscreción es hablar de los presentes. Hay peligro de dar en un escollo: la adulación o la crítica.

118 *Ganar fama de cortés*: basta para ser digno de aplauso. La cortesía es la parte principal de la educación, es un tipo de hechizo. Gana la aceptación de todos, del mismo modo que la descortesía atrae al desprecio y el enfado general. Si esta nace de la soberbia, es aborrecible; y si de la grosería, es despreciable. La cortesía siempre debe ser más que menos, pero no igual con todos, pues degeneraría en injusticia. Su valor se ve en que entre los enemigos se tiene por deuda. Cuesta poco y vale mucho. El que honra es honrado. La galantería y la honra tienen esta ventaja: las dos se quedan: la galantería en quien la usa y la honra en quien la hace.

119 *No hacerse odiar*. No se debe provocar la aversión, pues, sin desearlo, ella se anticipa. Hay muchos que aborrecen sin motivo, sin saber cómo ni por qué. La malevolencia se adelanta a la honradez. El deseo de venganza es más rápido y eficaz para hacer daño que el deseo material para obtener ganancias. Algunos desean ponerse a mal con todos, por el enfado que tienen o el que provocan. Y si una vez se apodera de ellos el odio,

es, como la mala reputación, difícil de borrar. Algunos temen a los hombres juiciosos, y aborrecen a los maldicientes, odian a los presumidos, abominan a los burlones, pero dejan a los excepcionales. Hay que estimar para ser estimado; y el que quiere *hacer casa* (prosperar), que haga caso.

120 *Ser práctico en la vida*. Hasta el saber debe seguir el uso, y donde no se usa es preciso fingirse ignorante. Cambian, según los tiempos, el pensamiento y el gusto: no se debe pensar a la antigua y querer gustar a la moderna. El gusto de la masa decide en casi todo. Mientras dura es el que hay que seguir, al tiempo que se aspira a la eminencia. El cuerdo debe adaptarse a lo actual, aunque le parezca mejor lo pasado, tanto en las ropas del cuerpo como en las del alma. Pero esta regla de vivir no vale para la bondad, pues siempre se debe practicar la virtud. Parece cosa de otros tiempos y ya se desconoce decir la verdad, guardar la palabra. Los hombres buenos parecen hechos en el pasado, aunque siempre amados. Si hay algunos, no están de moda ni se los imita. ¡Qué gran desgracia de nuestro tiempo, que la virtud sea tan rara y la maldad tan común! El discreto debe vivir como pueda, no como le gustaría. Debe preferir lo que le concedió la suerte a lo que le ha negado.

121 *No convertir en ocupación lo que no lo es.* Igual que algunos todo lo toman a broma, otros todo lo convierten en ocupación. Siempre hablan como si se tratase de algo importante, todo lo toman en serio y lo convierten en materia de discusión o de misterio. Pocas cosas que producen enfado se deben aceptar voluntariamente, pues sería aventurarse sin objeto. Es hacer las cosas al revés tomar a pechos lo que se debe echar a la espalda. Muchas cosas que eran algo se quedaron en nada al dejarlas. Otras que no eran nada, por haber hecho caso de ellas, fueron mucho. Al principio es fácil terminarlo todo, pero no es así después. Muchas veces nace la enfermedad del mismo remedio. No es la peor regla del vivir el dejar estar las cosas.

122 *Señorío al hablar y al actuar.* Con él uno se hace sitio en todas partes y gana respeto de antemano. Influye en todo: en conversar, en hablar en público, hasta en caminar y mirar, en la voluntad. Es una gran victoria ganar los corazones. El señorío no nace de la necia osadía ni de la enfadosa lentitud. Sí está en la digna autoridad de un carácter superior y en sus méritos.

123 *Hombre sin afectación.* Cuantas más cualidades, menos afectación, que suele ser una vulgar falta en ellas. La afectación es enfadosa para los demás y penosa para el que la sustenta, pues vive mártir del cuidado y se atormenta con el desvelo. Con ella pierden su mérito las mismas eminencias, porque parecen nacidas más del artificio violento que de la libre naturaleza y todo lo natural fue siempre más grato que lo artificial. De los afectados se dice que carecen de lo que presumen. Cuanto mejor se hace una cosa, más se debe disimular el esfuerzo, para que se vea que la perfección cae de su propio peso. Por huir de la afectación no se debe afectar no tenerla. El discreto nunca se debe dar por enterado de sus méritos, pues el mismo descuido despierta la atención en los otros. Es dos veces eminente el que guarda todas sus perfecciones en sí mismo y no en la estima. Por el camino opuesto llega al aplauso.

124 *Llegar a ser deseado*. Pocos han llegado a tanto aprecio de la gente. Es una suerte si se alcanza el favor de los prudentes. Es frecuente la tibieza con los que están en el ocaso de su carrera. Para merecer el premio del aprecio hay varios caminos: la eminencia en la ocupación y en las cualidades es el más seguro; el agrado es eficaz. De la importancia del cargo se hace algo secundario, de modo que se advierta que el cargo tuvo necesidad de él, y no al revés. Unos honran los puestos, a otros los puestos les honran. No es un honor que le haga bueno el malo que le sucedió, porque eso no significa ser deseado en absoluto, sino que el otro es aborrecido.

125 *No ser un registro de faltas ajenas*. Ocuparse de las faltas ajenas es señal de tener maltrecha la fama propia. Algunos querrían disimular, si no lavar, las manchas propias con las de otros; o se consuelan, que es el consuelo de los necios. A estos les huele mal la boca, porque son los albañales de las ruines inmundicias. En estos asuntos el que más escarba más se enloda. Pocos se escapan de un defecto personal, hereditario o no. No se conocen las faltas de los poco conocidos. El prudente debe huir de ser un registro de faltas ajenas. Así no será una aborrecida lista negra, viva, pero inhumana.

126 *No es un necio el que hace la necedad, sino el que, una vez hecha, no la sabe encubrir*. Si se deben encubrir los afectos, mucho más los defectos. Todos los hombres cometen errores, pero con esta diferencia: los sabios disimulan los ya hechos, pero los necios mencionan hasta los que harán. La reputación consiste más en la cautela que en los hechos. Si uno no es casto, que sea cauto. Los descuidos de los grandes hombres son más visibles, igual que los eclipses del sol y la luna. Debe ser una excepción de la amistad el no contar los defectos y, si se pudiese, ni siquiera a uno mismo. Puede valer aquí otra regla de vivir: saber olvidar.

127 *Carisma*[20] *en todo.* Es la vida de las cualidades, el aliento del habla, el alma de las obras, la más importante de las eminencias. Las demás perfecciones son adorno de la capacidad natural, pero el carisma lo es de las mismas perfecciones: se alaba hasta en el pensamiento. Es sobre todo un don natural, aunque algo debe al esfuerzo, pues es superior incluso a las reglas del arte. Va más allá de la facilidad y el lucimiento. Tiene desembarazo y añade perfección. Sin él toda belleza está muerta y toda gracia carece de gracia. Supera al valor, a la discreción, a la prudencia y a la misma majestad. Es un práctico atajo para solucionar los negocios y una delicada salida de todo aprieto.

128 *Grandeza de ánimo.* Es uno de los requisitos principales para ser un hombre eminente, porque incita a todo género de grandeza. Realza el gusto, engrandece el corazón, eleva el pensamiento, ennoblece la condición y confiere dignidad. Sobresale dondequiera que se encuentre. También cuando, a veces, la envidiosa suerte es contraria. Se acrecienta en la voluntad, aunque las circunstancias la limiten. Es fuente de la magnanimidad, de la generosidad y de toda cualidad eminente.

20. Gracián utiliza la palabra *despejo*, concepto indefinible al que se suele aludir con el críptico «un no sé qué».

129 *Nunca quejarse.* La queja siempre desacredita. Sirve para atraer el odio más que la compasión en quien la oye, sin sentir por ello ninguna culpabilidad. Algunos, con sus quejas de ofensas pasadas, dan pie a otras nuevas. Pretenden remedio o consuelo, pero encuentran complacencia y aun desprecio. Es mejor celebrar los beneficios de unos para que sean ejemplos para otros. Recordar los favores de los ausentes es solicitar los de los presentes: es pasar el crédito de unos a otros. El hombre prudente no debe publicar ni los desaires ni los defectos, pero sí la estimación de los demás, pues sirve para tener amigos y contener a los enemigos.

130 *Hacer y aparentar.* Las cosas no pasan por lo que son, sino por lo que parecen. Valer y saberlo mostrar es valer dos veces. Lo que no se ve es como si no existiese. No se venera a la justicia cuando no presenta su cara habitual. Son más los engañados que los prudentes; el engaño prevalece y las cosas se juzgan por lo más externo. Hay cosas que son muy distintas de lo que parecen. Un buen exterior es la mejor recomendación de un perfecto interior.

131 *Condición galante.* Las almas también tienen su gracia, una gallardía de espíritu. Con sus actos galantes queda muy airoso un corazón. No ocurre en todos

los casos, porque supone un ánimo elevado. Su primer objeto es hablar bien del enemigo y obrar mejor. Su mayor lucimiento se da al tiempo de la venganza: no la evita, sino que la aprovecha con ventaja al convertirla, cuando más vencido esté el enemigo, en una generosidad inesperada. También se da en la política, y es lo más estimado de la razón de Estado. Nunca hace ostentación de los triunfos porque de nada alardea. Y cuando los consigue merecidamente los disimula con naturalidad.

132 *Pensarlo dos veces.* Mirar más de una vez es garantía de éxito, especialmente cuando hay dudas. Hay que tomarse tiempo tanto para aceptar como para aprovecharse. Así aparecen nuevas razones para corroborar y confirmar la decisión. Cuando se trata de dar, más se estima lo entregado con sabiduría que con rapidez. Siempre ha sido más estimado lo deseado. Si se debe decir que no, hay que cuidar las formas y madurar la negativa, de modo que llegue oportunamente. La mayoría de las veces, una vez que ha pasado el ardor del deseo, no se siente después, con la cabeza fría, la negación como un desaire. A quien pide con prisa (lo que es una treta para engañar a la prudencia), conceder tarde.

133 *Antes loco con todos que cuerdo a solas*, dicen los políticos. Si todos son locos, no perderá con ninguno. Y si la cordura está sola, será tenida por locura. Por

eso importa mucho seguir la corriente. A veces la mayor sabiduría es no saber o fingir no saber. Hay que vivir con los otros, y los ignorantes son mayoría. Para vivir aislado hay que ser casi divino o casi una bestia. Pero yo moderaría el aforismo diciendo: antes cuerdo con la mayoría que loco a solas. Algunos quieren estar solos en las quimeras.

134 *Duplicar los recursos necesarios en la vida.* Vivir es duplicar. No hay que depender de un solo factor, ni limitarse a un solo recurso, por excepcional que sea. Todo se debe duplicar, especialmente las fuentes del provecho, del favor y del gusto. La mutabilidad de la luna nos trasciende y es el límite de la estabilidad. Más cambiantes son las cosas que dependen de la quebradiza voluntad humana. Contra la fragilidad, la prevención. Una gran regla del arte de vivir debe ser duplicar los recursos del beneficio y del provecho. Igual que la naturaleza duplicó los miembros más importantes y de más riesgo, así es necesario duplicar los recursos vitales.

135 *No tener espíritu de contradicción*, pues es cargarse de necedad y de molestia. Contra él debe levantarse la propia cordura. Poner objeciones puede ser ingenioso, pero el porfiado no deja de ser un necio. Estos convierten en guerrilla la dulce conversación y por ello son más enemigos de los más próximos que de

los que no les tratan. En el bocado más sabroso se siente más la espina que se atraviesa, y eso es la oposición a los buenos momentos. Estos hombres, necios perniciosos, son intratables, además de ser bestias.

136 *Enterarse de los asuntos*, e inmediatamente tomar el pulso a los negocios. Muchos se van o por las ramas de un razonamiento inútil o por las hojas de una cansada verborrea, sin llegar a lo sustancial del asunto. Dan cien vueltas alrededor de un punto, casándose y cansando, y nunca llegan al centro de gravedad. Así actúan las cabezas confusas que no se saben aclarar. Gastan el tiempo y la paciencia en lo que debían dejar, y carecen de ambos para lo que abandonaron.

137 *El sabio se bastará a sí mismo*. Él era todas sus cosas. Llevándose a sí mismo lo llevaba todo.[21] Si un amigo universal vale lo que toda Roma[22] y el completo universo, sea uno ese amigo de sí mismo y podrá vivir

21. Gracián —aludiendo a las *Epístolas a Lucilio* de Séneca— parece referirse a Estilpón, quien, asaltada su villa, pierde mujer, hijos y propiedades en un incendio. Cuando Demetrio, el vencedor, le pregunta si ha sufrido algún daño, Estilpón contesta: «Todos mis bienes van conmigo».

22. Es, probablemente, una referencia a un dicho popular romano. Cicerón consideraba a Catón el Antiguo como su «amigo universal».

en soledad. ¿Quién le podrá hacer falta si no hay ni mejor opinión ni mejor gusto que el suyo? Solo dependerá de sí, y es la mayor felicidad parecerse al Ser Supremo. El que puede vivir así en soledad no tendrá nada de bruto, y sí mucho de sabio y casi todo de divino.

138 *El arte de dejar estar las cosas.* Especialmente cuanto más revuelto esté el mar popular o el de los allegados. En el trato humano hay torbellinos y tempestades de voluntad; lo más cuerdo es retirarse al seguro puerto de dejar estar las cosas. Muchas veces los males empeoran con los remedios. Allí hay que dejar hacer a la naturaleza y aquí a la moral. El buen médico debe saber tanto para recetar como para no recetar, pues a veces el arte consiste en no aplicar remedios. El modo de sosegar los groseros torbellinos debe ser dejarlos de la mano y esperar la calma; rendirse ahora al tiempo dará después la victoria. A veces se enturbia una fuente de manso fluir; no se volverá a serenar por intentarlo, sino dejándola manar. No hay mejor remedio para los desconciertos que dejarlos correr, pues caen de su propio peso.

139 *Conocer el día aciago*, que los hay. Nada saldrá bien, y por más que se cambie el juego, no lo hará la mala suerte. En poco tiempo convendrá conocerla y retirarse, dándose cuenta de si uno está de suerte o no. Hasta en la inteligencia hay ocasiones propicias, pues

nadie supo a todas horas. Es una suerte acertar cuando se piensa, lo mismo que escribir bien una carta. Todas las perfecciones dependen de su momento; no siempre la belleza está en su punto. La discreción se disimula a sí misma cuando no llega o se sobrepasa. Todo, para salir bien, debe estar en su momento. Igual que a unos todo les sale mal, a otros todo bien y con menos esfuerzo: todo lo halla uno hecho, la inteligencia está en su momento, el carácter en su punto y todo con buena estrella. Entonces hay que aprovechar y no desperdiciar la menor partícula. Pero que el hombre juicioso no juzgue, al ver un estorbo, algo definitivamente malo ni bueno en caso contrario, pues todo pudo deberse a la suerte o a su falta.

140 *Encontrar inmediatamente lo bueno de cada cosa*. Es el éxito del buen gusto. La abeja enseguida halla la dulzura para el panal; y la víbora, la amargura para el veneno. Del mismo modo actúan los gustos: unos encuentran lo mejor y otros lo peor. No hay cosa que no tenga algo bueno, especialmente si es un libro, pues es resultado de la reflexión. El carácter de algunos es tan desgraciado que, entre mil perfecciones, encontrarán el único defecto que hubiera, y lo criticarán y exagerarán. Recogen estos las inmundicias de las voluntades y las inteligencias, cargándose de infamias, de defectos, no por ser perspicaces, sino como castigo de su mal discernimiento. Llevan una mala vida, pues siempre se hartan de amarguras y se alimentan de imperfecciones. Mucho mejor es el gusto de otros que, entre mil defectos, en-

contrarán inmediatamente una sola perfección que se le escapó a la buena suerte.

141 *No escucharse uno mismo*. De poco sirve agradarse uno mismo si no se contenta a los demás. Es frecuente que el desprecio general castigue la satisfacción particular. Quien está pagado de sí mismo a todos se debe. Querer hablar y oírse no sale bien. Si hablar a solas es de locos, lo es mucho más escucharse delante de otros. Es defecto común hablar con muletillas como «¿me comprende?» y el «¿eh?», que tan inútilmente cansan a los que escuchan. Tras cada frase quieren oír la aprobación o lisonja, olvidando el buen sentido. También los hinchados de orgullo hablan con eco. Su conversación tiene una presunción excesiva, por lo que a cada palabra precisan del molesto socorro del necio «¡bien dicho!».

142 *No seguir nunca, por obstinación, el peor partido*, porque el competidor se adelantó y escogió el mejor. Empieza la lucha ya vencido, y después será necesario rendirse desairado. Nunca se vengará bien con mal. El contrario fue astuto al anticiparse en lo mejor; y tú, necio al oponerte tarde con lo peor. Estos porfiados de la actuación son más obstinados que los de la palabra, pues es más arriesgado hacer que decir. Es torpeza propia de los obstinados no darse cuenta de la verdad ni de la utilidad, preocupados por contradecir y luchar. El prudente siem-

pre está de parte de la razón, no de la pasión, y se anticipa o mejora después. Si el contrario es necio, cambiará de táctica por ese motivo y pasará a la parte opuesta, con lo que empeorará el partido. Para poder echarle de lo mejor el único remedio es aceptarlo como propio. La necedad y la obstinación causarán su abandono y ruina.

143 *No convertirse en extravagante*[23] *para escapar de la vulgaridad*. Las dos posturas traen descrédito. Todo lo que desdice de la gravedad es propio de necios. La extravagancia es un cierto engaño plausible al comienzo: admira por la picante novedad. Pero después, con sus malos resultados, queda maltrecha. Es una suerte de engaño que, en los asuntos de política, causa la ruina de los Estados. Los que no se atreven o no pueden llegar a ser famosos por el camino de la virtud echan por la senda de la extravagancia, admirando a los necios y dando la razón a los cuerdos. Conlleva falta de mesura en las opiniones, y por eso es tan opuesta a la prudencia. Si a veces no se basa en lo falso, sí lo hace en lo incierto, con gran peligro para la dignidad.

144 *Empezar con la conveniencia ajena para salirse con la suya*. Es una estratagema para conseguir lo que se quiere. Incluso los maestros cristianos encarecen esta

23. Gracián utiliza el término *paradojo*, paradójico.

santa astucia para los asuntos celestiales. Es un disimulo importante: las pretensiones sirven de cebo para atrapar una voluntad. Les parece que la suya va delante y solo es para abrir camino a la conveniencia ajena. Nunca se debe comenzar sin tino, especialmente cuando hay un fondo peligroso. Con las personas cuya primera palabra suele ser *no* conviene disimular nuestra pretensión, para que no adviertan los problemas de concederla, y mucho más cuando la aversión se presiente. Este aviso pertenece a los de segunda intención. Todos ellos son la quintaesencia de la sutileza.

145 *No descubrir el dedo malo*, pues recibirá todos los golpes. No hay que quejarse de él, porque la malicia siempre hiere donde más duele, en la parte más débil. No servirá enfadarse, sino estimular la distracción ajena. La mala intención va buscando el pretexto para hacerte saltar: lanza insinuaciones para encontrar el lado débil y hará la prueba de mil maneras hasta llegar a lo más vivo. El prudente nunca se dará por enterado ni descubrirá su mal, personal o heredado, pues hasta la Fortuna a veces disfruta lastimando donde más tiene que doler, en lo más vivo. Por eso no se debe descubrir ni lo que más mortifica ni lo que más vivifica; lo primero para que termine, y lo segundo para que dure.

146 *Mirar por dentro.* Normalmente las cosas son muy distintas de lo que parecían. La Ignorancia, que no va más allá de la corteza, se decepciona cuando se penetra en lo interior. La Mentira es siempre la primera en todo y arrastra a los necios por la continua vulgaridad. La Verdad siempre llega la última y tarde, cojeando con el Tiempo. Los prudentes le reservan la otra mitad del oído que sabiamente duplicó la madre naturaleza. El Engaño es muy superficial y lo encuentran rápidamente los que son superficiales. El Acierto vive retirado en su interior para ser más estimado por los sabios y discretos.

147 *No ser inaccesible.* Nadie es tan perfecto que no necesite alguna vez un consejo. Es propio del necio irremediable el no escuchar. El más independiente debe dar lugar al consejo amistoso, y el soberano no debe rehuir los consejos. Hay hombres sin remedio por ser inaccesibles; se despeñan porque nadie se atreve a detenerlos. El más inflexible debe tener una puerta abierta a la amistad y será también la de socorro. Un amigo debe tener lugar para, con confianza, poder avisarle y corregirle incluso. La confianza le debe permitir esta autoridad así como la elevada opinión sobre su fidelidad y prudencia. El respeto no se debe otorgar a todos, ni tampoco la autoridad. Pero hay que tener en la habitación más recóndita de la cautela el fiel espejo de un confidente. Se le estimará y a él se deberá la corrección de los engaños.

148 *Poseer el arte de conversar.* Pertenece a las auténticas personas. En ninguna actividad humana se necesita más la prudencia, pues es la más común de la vida. Aquí se decide el ganar o perder. Si la prudencia es necesaria para escribir una carta, que es una conversación pensada de antemano y por escrito, ¡mucho más en la conversación ordinaria, donde uno se examina de discreción de modo precipitado! Los peritos toman el pulso del ánimo en la lengua, y de ella dijo el Sabio: «Habla si quieres que te conozca».[24] Algunos creen que el arte de conversar es no tener arte y que la conversación debe ser holgada como la ropa. Así debe entenderse entre los muy amigos. Cuando tiene lugar entre personas de respeto debe ser más sustancial e indicar la mucha sustancia de la persona. Para acertar en esto hay que ajustarse al carácter e inteligencia de los que intervienen. No hay que pretender ser censor de palabras, pues será tenido por gramático y pedante; tampoco fiscal de frases, pues todos evitarán el trato. Al hablar importa más la discreción que la elocuencia.

149 *Saber desviar a otros los males.* Una buena estrategia de los que gobiernan es tener escudos humanos contra la malevolencia. Tener en quien recaiga la crítica por los desaciertos y el popular castigo de la murmuración no obedece a incapacidad, como piensan los maliciosos, sino a depurada destreza. No todo puede salir

24. Proverbio latino: *Loquere ut te cognoscam.*

bien ni se puede contentar a todos. Debe haber un testaferro, blanco de los errores por su propia ambición ilegítima.

150 *Saber vender sus cosas*. No es suficiente con su bondad intrínseca, pues no todos muerden la sustancia ni miran por dentro. Donde hay gente va la mayoría, porque ve ir a los otros. El arte está, en gran parte, en hacer valer, unas veces con el elogio (pues la alabanza incita el deseo), otras con un bello nombre (pues es un modo excelente de ensalzar), sin hacer nunca ostentación. Reservar algo solo para entendidos es un incentivo general, porque todos creen serlo, y aunque no lo piensen, la exclusión avivará el deseo. Nunca se debe dar a entender que los asuntos son fáciles ni comunes, pues así se hacen más vulgares que accesibles. Todos acuden a lo excepcional por ser más apetecible para el gusto y la inteligencia.

151 *Pensar por adelantado*: hoy para mañana e incluso para muchos días. La mayor fortuna se hace con horas de previsión. Para los prevenidos no hay malas contingencias, ni para los preparados hay aprietos. El razonamiento no debe retrasarse hasta la ocasión crítica, sino que debe anticiparse. Con la madurez del pensamiento cuidadoso hay que prevenir el tiempo más riguroso. La almohada es una sibila muda, y dormir sobre

las preocupaciones vale más que desvelarse por ellas. Algunos hacen y después piensan; buscan excusas más que consecuencias. Otros no piensan ni antes ni después. Toda la vida debe consistir en pensar para acertar el rumbo. La prevención y el pensamiento cuidadoso son un buen recurso para vivir adelantado.

152 *No acompañarse nunca de alguien que le pueda deslucir*, porque sea superior o inferior. Lo que es más perfecto es lo más estimado. El otro hará siempre el primer papel; y él, el segundo. Si le llegara algo de la estima, serán solo las sobras. La luna sobresale mientras está sola entre las estrellas, pero, cuando sale el sol, o no aparece o desaparece. Nunca se debe acercar uno a quien le eclipse, sino a quien le haga destacar. Por ello pudo parecer hermosa la discreta Fabula, de Marcial, pues lució entre la fealdad o el desarreglo de sus doncellas. Tampoco hay que correr peligros por malas compañías, ni honrar a otros a costa de su reputación. Para aumentar su importancia es mejor que vaya con los eminentes, pero, una vez formado, con los medianos.

153 *Evite llenar las vacantes de importancia*. Si se aventura es mejor que sea con seguridad en sus amplias dotes. Es necesario duplicar el valor para igualar al del antecesor. Si es astucia que el que venga haga bueno al que se fue, es maña que no le eclipse el que cesó. Es

difícil llenar un gran vacío, porque siempre lo pasado parece mejor. Ni siquiera la igualdad será suficiente, porque el predecesor fue el primero. Por eso es necesario tener más cualidades para echar al otro de su reputación superior.

154 *Ni creer ni querer fácilmente.* El buen juicio se conoce por la lentitud al creer. Como mentir es muy ordinario, es mejor que creer sea algo extraordinario. El que se movió con ligereza después se avergüenza. Pero no se debe manifestar duda de las palabras del otro, pues más que descortesía es insulto, al llamar con ello al interlocutor o engañado o engañador. Pero este no es el mayor inconveniente, puesto que no creer es indicio de mentir, porque el mentiroso tiene dos males: ni cree ni es creído. El oyente prudente no juzga de inmediato. Un autor dice que también es un tipo de imprudencia querer con facilidad.[25] Si se miente con palabras, también con hechos, y este engaño es más perjudicial por el resultado.

155 *Arte al apasionarse.* Si es posible, la reflexión prudente debe anticiparse a la torpeza del ímpetu. No le será difícil al que sea prudente. Al apasionarse, el pri-

25. Alude a Cicerón, quien en *De amicitia* aconseja conocer a una persona antes de quererla.

mer paso es darse cuenta de que uno se apasiona, pues esto es empezar con dominio de la pasión de ánimo. Hay que establecer también un límite y no ir más allá. Con esta cautela superior, el impulso de la ira se agota de inmediato. Hay que saber detenerse a tiempo, pues lo más difícil de correr está en detenerse. Es una gran prueba para el buen juicio conservarse cuerdo en los accesos de cólera que pueden llevar a la locura. Todo exceso de pasión degenera de lo racional, pero con esta magistral cautela nunca se dañará la razón ni se estará en el límite del buen sentido. Para saber enmendar una pasión es necesario ir siempre con la rienda en la mano. Será el primer cuerdo a caballo, si no el último.[26]

156

Elegir a los amigos. Serán amigos los examinados por la discreción, los probados por la fortuna, y los aprobados en voluntad y entendimiento. Aunque es el acierto más importante de la vida, es el que menos se cuida: algunos son entrometidos y la mayoría, casuales. Cada uno es definido por los amigos que tiene, pues nunca el sabio congenió con los ignorantes. Que uno guste no es prueba de intimidad, pues puede proceder más del buen rato de diversión que de la seguridad en sus capacidades. Hay amistades legítimas y otras adulterinas; estas sirven para disfrutar y aquellas para tener muchos aciertos. Hay pocos amigos de la persona y muchos de la suerte. Es más útil el buen entendimiento de

26. Recuerdo del refrán: «No hay hombre cuerdo a caballo, ni colérico con juicio».

Hay que hablar como en los testamentos: cuantas menos palabras, menos pleitos. Uno debe practicar en lo que no importa para cuando sí importe. El secreto parece algo divino. El que habla con facilidad está cerca de ser vencido y convencido.

161 *Conocer los dulces defectos.* Ni el hombre más perfecto escapa de algunos, sino que se casa con ellos o más bien se hace su amante. Los hay en la inteligencia y son mayores en el más inteligente, o se notan más. Y no porque no los conozca el sujeto mismo, sino porque los ama. Son dos males juntos: apasionarse y además por vicios. Son lunares de la perfección. Ofenden tanto a los extraños cuanto les parecen bien a sus dueños. Hay que triunfar con gallardía sobre uno mismo y añadir este éxito a las demás perfecciones. Todos reparan en ellos y, cuando debían celebrar lo mucho bueno que admiran, se detienen donde los han visto y los afean para desdoro de las demás cualidades.

162 *Saber vencer la envidia y la malevolencia.* El desprecio, aunque prudente, no vale lo que la galantería. No hay aplausos suficientes para quien habla bien del que habla mal. No hay venganza más insigne que los méritos y cualidades que vencen y atormentan a la envidia. Cada éxito es aumentar el tormento del envidioso. Para el competidor es un infierno la gloria del

otro. Este es el mayor castigo: hacer del éxito veneno. El envidioso no muere de una vez, sino tantas como vive en las voces y aplausos el envidiado. La eternidad de la fama de uno compite con la penalidad del otro: los dos son inmortales, aquel en sus glorias y este en sus penas. El clarín de la fama toca la inmortalidad de uno y publica la muerte para el otro, quien queda sentenciado a la horca de tan envidiosa ansiedad.

163 *Nunca se debe incurrir en el rechazo del afortunado por compasión del desgraciado*. La mala suerte de unos suele ser buena para otros, pues no habría un dichoso si no hubiera muchos otros desgraciados. Es propio de infelices conseguir el favor de las gentes para compensar así, con este favor tardío, los disfavores de la fortuna. Se ha visto a veces que quien en la prosperidad fue aborrecido por todos, en la adversidad fue compadecido por todos. El deseo de venganza cuando estaba en alto se trocó en compasión para el caído. Pero el sagaz atiende a las cartas de la fortuna. Hay algunos que siempre acompañan a los fracasados y hoy se ponen al lado del desdichado que ayer rehuyeron por afortunado. Tal vez indica nobleza innata, pero no sagacidad.

164 *Divulgar algunas cosas*: para valorar la aceptación, para ver cómo se reciben, especialmente cuando se duda de su acierto o agrado. Uno se asegura así de

salir bien y hay lugar para intentarlo o retirarse. Así se tantean las voluntades y el prudente sabe qué terreno pisa. Esta es la máxima prevención de pedir, desear y gobernar.

165 *Tener juego limpio*. El prudente puede estar obligado a luchar, pero no con juego sucio: cada uno debe actuar como quien es y no como le obligan. En la competición es plausible la galantería: se debe pelear no solo para vencer con el poder, sino también con la decencia. Vencer con ruindad no es victoria, sino rendimiento. La generosidad siempre fue superior. El hombre de bien nunca utiliza las armas prohibidas. Lo son las de una amistad que ha terminado para el odio recién nacido, pues no se debe usar la confianza para la venganza. Todo lo que huele a traición contamina el buen nombre. En los personajes elevados es más extraño cualquier átomo de bajeza. La nobleza debe estar muy lejos de la vileza. Es mejor presumir de que si la galantería, la generosidad y la fidelidad se perdiesen en el mundo se deberían buscar en su pecho.

166 *Saber distinguir al hombre de palabras del hombre de hechos*. Es una distinción única, igual que la del amigo de la persona y el amigo del cargo, que son muy diferentes. Es malo, sin tener palabra buena, no tener malos hechos; pero es peor, sin tener palabra mala, no

tener buenos hechos. Ya no se come con palabras, que son viento, ni se vive de cortesías, que es un cortés engaño. Cazar las aves con luz es el verdadero encandilar. Los presuntuosos se satisfacen con viento. Las palabras deben ir acompañadas de hechos y así tener valor. Los árboles que no dan fruto, sino solo hojas, no suelen tener corazón. Conviene conocerlos: de unos se obtiene provecho, pero otros solo dan sombra.

167 *Saber ayudarse.* En los grandes aprietos no hay mejor compañía que un buen corazón. Si flaquea, hay que suplirlo con los órganos más próximos. A quien se sabe defender, las preocupaciones le parecen pequeñas. No hay que rendirse a la suerte, porque se hará completamente intolerable. Algunos se ayudan poco en sus problemas y los duplican al no saberlos soportar. El que se conoce ayuda a su debilidad con reflexión. El prudente de todo sale victorioso, hasta de las estrellas.

168 *No convertirse en un monstruo de estupidez.* Lo son todos los vanos, presuntuosos, porfiados, caprichosos, obstinados, excéntricos, ridículos, bufonescos, noveleros, paradójicos, maníacos y todo tipo de hombres sin medida. Todos son monstruos de la impertinencia. Cualquier monstruosidad del espíritu es más deforme que la del cuerpo, porque contraviene la Belleza Superior. Pero ¿quién corregirá tantos y tan frecuentes de-

sórdenes? Donde falta el buen juicio no hay lugar para la corrección: lo que debía ser una advertencia como resultado de la risa que provoca se interpreta, infundadamente, como un imaginario aplauso.

169 *Es más importante no errar ni una vez que acertar cien veces*. Nadie mira al sol resplandeciente, pero todos lo hacen cuando está eclipsado. La censura popular no tendrá en cuenta las veces que se acierte, sino las que se falle. Los malos son más conocidos por murmuraciones que los buenos por aplausos. Muchos no fueron conocidos hasta que delinquieron. Todos los aciertos juntos no bastan para desmentir un solo y mínimo error. Convénzase todo el mundo de que todos los fallos le serán imputados por la malevolencia, pero ningún acierto.

170 *Tener reservas en todas las circunstancias*. Se asegura así lo importante. No se debe emplear toda la capacidad ni se debe usar toda la fuerza cada vez. Incluso en la sabiduría debe haber reservas, y así se duplican las perfecciones. Si se sale mal de un aprieto, siempre debe haber a qué apelar. Es mejor la ayuda que el ataque, pues es útil y tiene crédito. El proceder de la prudencia siempre se dirigió a lo seguro. Y en este sentido es verdadera la curiosa paradoja que dice: más es la mitad que el todo.

171 *No malgastar los apoyos.* Los amigos grandes son para las grandes ocasiones. No se debe emplear mucha confianza en cosas pequeñas, pues sería un desperdicio. El ancla sagrada siempre se reserva para el último riesgo. Si en lo poco se abusa de lo mucho, ¿qué quedará para después? No hay cosa que valga más que los valedores, ni hoy más preciosa que el apoyo. Él hace y deshace en el mundo, incluso da inteligencia o la quita. La fortuna envidió a los sabios lo que les favorecieron la naturaleza y la fama. Más importante que mantener las posesiones es saber conservar y retener a las personas.

172 *No competir con quien no tiene qué perder.* La lucha sería desigual. El otro comienza sin ataduras porque ha perdido hasta la vergüenza. Todo lo acabó, no tiene más que perder, por ello se arroja a todo despropósito. No se debe exponer nunca la inestimable reputación a un riesgo tan cruel. Muchos años costó ganarla y viene a perderse en un asunto sin importancia. Un mal aire puede helar el sudor del esfuerzo. Tener mucho que perder hace detenerse al hombre honesto. Cuando mira por su prestigio, mira al contrincante y, como se arriesga con atenta observación, actúa con tal detención que da tiempo a que la prudencia se retire con tiempo y ponga a salvo el prestigio. Ni siquiera con la victoria se podrá ganar lo que se perdió al arriesgarse a perder.

173 *No ser de cristal en el trato con los demás.* Y menos con los amigos. Algunos se quiebran con gran facilidad, descubriendo así su poca consistencia. Estos se ofenden con facilidad y enfadan a los demás. Son más sensibles que las niñas de los ojos, pues no se dejan tocar ni en broma ni en serio. Les molestan las motas, sin necesidad ya de calumnias. Quienes los tratan deben ir con mucho tiento, cuidando siempre su susceptibilidad. Les llevan el aire porque el más leve desaire les molesta. Estos son normalmente muy suyos, egoístas que nada respetan, idólatras de su negra honrilla. El que ama tiene la mitad de diamante por su duración y resistencia.

174 *No vivir deprisa.* Saber distribuir las cosas es saberlas disfrutar. A muchos les sobra la vida y se les acaba la felicidad. Estos no disfrutan de las alegrías, sino que las malogran. Cuando se ven tan adelante en la vida, les gustaría volver atrás. Son postillones de la vida que suman al natural paso del tiempo su propia precipitación. Querrían devorar en un día lo que apenas podrán digerir en toda la vida. Viven las dichas apresuradamente, se comen los años por venir, y, como van con tanta prisa, pronto acaban con todo. Incluso en el deseo de saber debe haber medida, para no saber las cosas mal sabidas. Hay más días que dichas. Despacio al disfrutar y deprisa al actuar. Las acciones bien están una vez hechas; las alegrías, mal, una vez acabadas.

175 *Ser persona de sustancia.* A quien lo es no le agradan los que no lo son. Ni tiene éxito el cargo importante que no se basa en la sustancia. No son personas todas las que lo parecen: las hay de mentira, que piensan quimeras y producen engaños. Otros son sus semejantes: los apoyan y prefieren lo incierto de un embuste, por ser mucho, a lo cierto de una verdad, por ser poco. Al final sus caprichos salen mal, porque carecen de un fundamento firme. Únicamente la verdad puede dar verdadero prestigio y únicamente la sustancia es útil. Un engaño necesita otros muchos, y por eso todo el edificio es una quimera. Como se funda en el aire, necesariamente caerá en tierra. Los sinsentidos nunca llegan a viejos. Cuando algo promete mucho, sin duda es sospechoso y cuando da muchas pruebas, es inaceptable.

176 *Saber escuchar a quien sabe.* No se puede vivir sin entendimiento, propio o prestado; pero hay muchos que ignoran que no saben y otros que piensan que saben, no sabiendo. Los errores de la estupidez son irremediables, pues como los ignorantes no se tienen por tales, no buscan lo que les hace falta. Algunos serían sabios si no creyesen serlo. Por eso, aunque hay pocos oráculos de prudencia, viven ociosos porque nadie los consulta. Pedir consejo no disminuye ni la importancia ni la capacidad, sino que las acredita. Al entrenarse con la razón se evita el ataque de la mala suerte.

177 *Evitar familiaridades en el trato.* No se deben usar ni permitir. El que se allana pierde la dignidad que le daba su gravedad, y la estima tras ella. Los astros, al no rozarse con nosotros, se conservan en su esplendor. La excelencia pide decoro. Toda familiaridad facilita el desprecio. Cuanto más se tienen las cosas humanas, se tienen en menos, porque con el trato se descubren las imperfecciones que, recatadas, estaban encubiertas. No es conveniente allanarse con nadie: con los superiores por el peligro, con los inferiores por la indecencia; con la gente vulgar menos aún, pues es atrevida y necia, y piensa que es una obligación lo que en realidad es un favor. La facilidad excesiva es un tipo de vulgaridad.

178 *Creer al corazón*; y más cuando es muy firme. Nunca se le debe contradecir, pues suele ser un pronóstico de lo más importante: es un oráculo personal. Muchos perecieron de lo que más se temían, pero ¿de qué sirvió temerlo y no remediarlo? Algunos tienen un corazón muy leal, lo que es una ventaja de la naturaleza superior, y siempre los previene y avisa del fracaso para evitarlo. No es prudente salir a buscar males, pero sí lo es salirles al encuentro para vencerlos.

179 *La reserva es la marca de la inteligencia.* Un pecho sin secreto es una carta abierta. Si hay fondo, allí están los secretos profundos, pues hay grandes espacios y ensenadas donde se hunden las cosas importantes. La reserva procede de un gran autocontrol. Vencerse en esto es triunfar de verdad. A quien se descubre el pecho se le paga pecho, es decir, tributo. La verdadera prudencia está en la templanza interior. Los riesgos de la reserva son la prueba ajena, llevar la contraria para sonsacar, hacer insinuaciones para hacer saltar al más recatado prudente. Las cosas que hay que hacer no se deben decir, y las que hay que decir no se deben hacer.

180 *No regirse nunca por lo que el enemigo debería hacer.* El necio no hará nunca lo que el prudente piensa, porque no comprende lo que es conveniente. Si el enemigo es discreto, tampoco hay que regirse por lo que debería hacer, porque querrá disimular la intención ya comprendida e incluso anticipada. Se deben pensar las cosas desde las dos perspectivas y analizar por uno y otro lado, preparándolas desde las dos direcciones. Las respuestas son varias. Hay que tener tranquilidad de ánimo, no tanto para lo probable como para lo posible.

181 *Sin mentir, no decir todas las verdades.* No hay cosa que necesite más cuidado que la verdad, pues es sangrarse el corazón. Tan necesario es saberla decir como saberla callar. Con una sola mentira se pierde toda la reputación de rectitud. Al engañado se tiene por falto de juicio y al engañador por falso, que es peor. No se pueden decir todas las verdades: unas porque me afectan a mí y otras a los demás.

182 *Un poco de audacia con todos es una importante prudencia.* Hay que moderar la idea que se tiene de los demás para no elevarlos tanto que se les tema. Que la imaginación nunca venza al corazón. Algunos parecen importantes hasta que se les trata. Este contacto provoca la decepción más que la estima. Nadie excede los límites cortos de ser hombre: cada uno tiene su pero, unos en la inteligencia y otros en el carácter. La dignidad proporciona una autoridad aparente que casi nunca va acompañada de autoridad personal. La suerte suele castigar un elevado empleo con unos méritos inferiores. La imaginación siempre aumenta y pinta las cosas más importantes de lo que son; no solo recoge lo que hay, sino lo que pudiera haber. La razón, curtida por la experiencia, debe corregirla. Pero ni la necedad debe ser atrevida ni temeroso el mérito. Si a la simplicidad le valió la confianza en sí misma, ¡mucho más a la valía y al saber!

183 *No ser testarudo*. Todo necio es obstinado y todo obstinado es necio. Cuanto más equivocada es la opinión, mayor es su tenacidad. Incluso cuando hay evidencias, ceder es lo honesto, pues, sin perder la razón, se demuestra galantería. Más se pierde tercamente porfiando de lo que se gana con el triunfo. Eso no es defender la verdad, sino la grosería. Hay cabezas de hierro, difíciles de convencer, con una irremediable vehemencia. Cuando el capricho y la obstinación se juntan, se casan indisolublemente con la necedad. El tesón debe estar en la voluntad y no en la opinión. Hay, sin embargo, casos excepcionales en los que no hay que dejarse perder. Sería una doble derrota: en la opinión y en la ejecución.

184 *No ser muy ceremonioso*, pues hasta en un rey la afectación se hizo célebre por su peculiaridad.[28] El puntilloso es molesto. Hay naciones enteras adornadas de esta delicadeza. El traje de la necedad lleva estas puntillas (idólatras de su honra). Muestran que ella tiene poco fundamento, pues temen que todo la pueda ofender. Es bueno mirar por el respeto, pero es mejor no ser tenido por un experto en cumplimiento. También es verdad que un hombre no ceremonioso necesita unos méritos excelentes. La cortesía no se debe ni afectar ni despreciar. El que se preocupa por nimiedades no demuestra ser grande.

28. Alude a Pedro IV el Ceremonioso (1319-1387), rey de Aragón.

185 *No arriesgar la reputación de una sola vez*, pues si el asunto no sale bien, el daño es irreparable. Es muy posible equivocarse una vez, especialmente la primera. No siempre está uno de buena suerte ni es su día siempre. Si la primera vez sale mal, es mejor que la segunda lo arregle. Si se acierta, el primero evitará un segundo intento. Siempre debe haber la posibilidad de mejorar y la oportunidad de ir a más. Las cosas dependen de sucesos fortuitos, y son muchos; por eso es una rara suerte tener éxito.

186 *Conocer los defectos*, por muy recomendados que estén. La integridad debe conocer al vicio aunque se vista con sedas. A veces se adorna con oro, pero su yerro no se puede disimular. No deja de ser una bajeza, aunque lo tenga una persona elevada. Bien pueden los vicios aparecer ennoblecidos, pero no pertenecen a la nobleza. Algunos ven que un gran hombre tuvo un defecto, pero no ven que no fue grande por ello. El ejemplo superior es tan elocuente que incluso de lo feo convence. La adulación imitó hasta los defectos de la cara, sin darse cuenta de que en los grandes hombres se disimulan, pero en los bajos se aborrecen.

187 *Hacer uno mismo todo lo que agrada a los demás; por terceros, lo que les disgusta*. Así se ganan apoyos y se evita la malevolencia. A los grandes hombres les produce más placer hacer el bien que recibirlo: es la felicidad de la generosidad. Pocas veces se desagrada a otro sin desagradarse uno mismo, por compasión o remordimiento. Los principios más elevados se mueven por el premio o el castigo. El bien debe influir directamente; y el mal, de forma indirecta. Hay que tener un testaferro para los golpes del descontento (el odio y la murmuración). La rabia de la muchedumbre, como la canina, al desconocer la causa de su daño, se suele volver contra el instrumento. Aunque él no tenga la mayor parte de culpa, padece la pena de inmediato.

188 *Elogiar a los ausentes*. Es una prueba de buen gusto y de tenerlo acostumbrado a lo muy bueno. De él se espera la estima de lo que está presente: quien primero supo conocer la perfección sabrá estimarla después. Proporciona tema de conversación y de imitación y anticipa las noticias dignas de aplauso. Es un educado modo de pregonar la cortesía a las perfecciones del que está presente. Por el contrario, otros siempre tienen algo que criticar, adulando lo presente y despreciando lo ausente. Les sale bien con los superficiales, que no se dan cuenta de la treta de hablar a unos muy mal de otros. Algunos utilizan la táctica de valorar más las mediocridades actuales que los prodigios del pasado. El prudente debe conocer estas artimañas para procurar la amistad. No tiene que extrañarle ni la exageración de uno ni la adulación de otro. Entenderá que actúan igual aquí y allá: cambian las interpretaciones según dónde se encuentren.

189 *Valerse de la privación ajena.* Si se convierte en deseo es el incentivo más eficaz. Los filósofos no tuvieron en nada a la privación, pero para los políticos fue el todo. Estos la valoraron mejor. Algunos convierten el deseo de otros en un peldaño para alcanzar sus fines. Se valen del mal momento y excitan el deseo con la dificultad de alcanzarlo. Esperan más de la pasión impulsiva que de la pacífica posesión. Cuanto más aumenta la resistencia, más se encona el deseo. Es una gran habilidad conservar la dependencia de los demás para conseguir lo que uno quiere.

190 *Encontrar consuelo en todo.* Incluso lo inútil lo encuentra en ser eterno. No hay congoja sin consuelo. Los necios lo tienen en ser felices. Lo dice el refrán: «La suerte de la fea la guapa la desea». Para vivir mucho es un buen recurso valer poco. El vaso resquebrajado nunca se acaba de romper; su duración molesta. Parece que la suerte envidia a las personas más importantes: en unas se igualan la duración y la inutilidad; en otras, la importancia y la brevedad. Los que de verdad importen faltarán, pero será eterno (porque lo parece o porque lo es realmente) quien carece de utilidad. Se diría que la muerte y la suerte se ponen de acuerdo para olvidar al desdichado.

191 *No contentarse con el exceso de cortesía.* Es un tipo de engaño. Algunos no necesitan embrujar con las hierbas mágicas de Tesalia. Con el buen aire de un sombrero cautivan a necios y vanidosos. Valoran la honra y pagan con el viento de unas buenas palabras. Quien todo lo promete no promete nada. Prometer es una trampa para necios. La verdadera cortesía es deuda, la fingida es engaño, y la desmedida es una dependencia indecente. No hacen la cortesía a la persona, sino a la fortuna y a la adulación; no a las buenas cualidades, sino al interés deseado.

192 *El hombre pacífico tiene larga vida.* Para vivir hay que dejar vivir. Los pacíficos no solo viven, reinan. Hay que oír, ver y callar. Un día sin discusión es una noche de sueño. Vivir mucho y vivir con gusto es vivir por dos: es el fruto de la paz. Lo tiene todo quien no se preocupa de lo que no le importa. No hay mayor error que tomarlo todo en serio. También es una necedad que un asunto traspase el corazón a quien no le concierne y que ni siquiera roce a quien le importa.

193 *Atención con quien empieza con la conveniencia ajena para salirse con la suya.* No hay mejor defensa contra la astucia que la atención. Contra el entendido, un buen entendedor. Algunos hacen pasar como ajenos

sus propios intereses. Si no se descifran adecuadamente las intenciones, a cada paso uno se verá comprometido a sacar a otro las castañas del fuego.

194 *Tener una idea exacta de sí mismo y sus posibilidades.* Especialmente al empezar a vivir. Todos tienen altos pensamientos de sí, en particular los de menos motivos. Cada uno imagina su suerte y sueña prodigios. Tiene desmesuradas esperanzas, pero nada consigue en la práctica. Su vana imaginación es castigada con la decepción de la verdadera realidad. Hay que ser prudente: se puede desear lo mejor, pero siempre se debe esperar lo peor, para aceptar con ecuanimidad lo que venga. La habilidad está en apuntar más alto para compensar, pero sin que sea un desatino. Este ajuste de ideas es necesario al empezar en un empleo: la vanidad, sin la experiencia, suele equivocarse. La panacea de todas las necedades es la prudencia. Cada uno debe conocer su esfera de actividad y su condición. Así podrá ajustar la imaginación a la realidad.

195 *Saber estimar.* No hay nadie que no pueda ser maestro de otro en algo. Tampoco hay quien no supere al que destaca. Es útil saber disfrutar de cada uno. El sabio estima a todos porque sabe ver lo bueno de cada uno y sabe lo que cuesta hacer bien las cosas. El necio

desprecia a todos porque no conoce lo bueno y porque elige lo peor.

196 *Conocer su buena estrella.* No hay nadie tan desamparado que no la tenga. Si se es desgraciado, es por no conocerla. Unos están junto a los príncipes y los poderosos sin saber cómo ni por qué: su propia suerte les facilitó esos apoyos. Lo único que les falta es ayudarla con su esfuerzo. Otros tienen el don de los sabios: alguno fue mejor aceptado en una nación que en otra y fue mejor visto en una ciudad concreta. Alguien tiene más éxito en un empleo que en otro, con los mismos méritos. La suerte juega como y cuando quiere. Cada uno debe conocer la suya, igual que su capacidad: en eso va perderse o prosperar. Hay que saber seguir y ayudar a la buena estrella. Si la cambia, perderá el norte.

197 *No relacionarse nunca con necios.* Quien no los reconoce lo es, especialmente, si una vez conocidos, no los rechaza. Para un trato superficial son peligrosos; y para las confidencias, dañinos. Siempre cometen la necedad o la dicen, aunque su recelo y el cuidado de los demás los contengan un tiempo; si tardan, es para que la necedad sea mayor. Quien no tiene reputación no puede mejorar la ajena. La necedad lleva aparejada la suma infelicidad. Ambas son contagiosas. Tienen una sola cosa menos mala: aunque los prudentes no les sirven a ellos de nada, ellos son muy útiles a los sabios como aviso y escarmiento.

198 *Saber trasplantarse.* Hay gentes que tienen que cambiar de lugar para ser valoradas, especialmente en los puestos elevados. Las patrias son madrastras de los grandes hombres. En ellas, como tierra fértil, reina la envidia. Antes recuerdan los defectos del principiante que sus éxitos posteriores. Un alfiler alcanzó valor al pasar al Nuevo Mundo, y el diamante fue despreciado cuando el vidrio cambió de tierras. Se estima todo lo extranjero, o porque ha venido de lejos o porque llega ya hecho y perfecto. Hemos visto a hombres que fueron despreciados en su rincón y hoy son la honra del mundo, estimados por propios y extraños: unos porque los ven de lejos y otros porque vienen de lejos. Nunca venerará adecuadamente la imagen en el altar quien primero la vio como madera en el campo.

199 *Ganar la estima con prudencia*, y no entrometiéndose. Para alcanzar la estima de los demás los méritos son el verdadero camino. Hay un atajo: inteligencia con méritos. La integridad sola no basta. El esfuerzo diligente es indigno, pues todo llega a enlodarse tanto que es un descrédito para la reputación. El verdadero camino de la estima consiste en partes iguales de méritos y de saberse presentar.

200 *Tener algo que desear*, para no ser felizmente desgraciado. El cuerpo respira y el espíritu aspira. Si todo se reduce a poseer, solo habrá decepción y descontento. Hasta para la inteligencia siempre debe quedar algo que aprender, algo en que se cebe la curiosidad. Se vive de esperanza: los excesos de felicidad son mortales. Lo hábil es premiar sin saciar. Si no hay nada que desear, se teme todo: felicidad infeliz. Donde termina el deseo comienza el temor.

201 *Tontos son todos los que lo parecen y la mitad de los que no lo parecen*. La necedad se ha apoderado del mundo. Si queda algo de sabiduría, comparada con la celestial solo es tontería. El mayor necio es el que no se considera necio pero juzga a todos los demás. Para ser sabio no basta parecerlo ni creer serlo: sabe quien piensa que no sabe; no ve quien no ve que los otros ven. Aunque todo el mundo está lleno de necios, no hay nadie que crea serlo, ni siquiera que lo sospeche.

202 *Dichos y hechos hacen al hombre perfecto*. Hay que hablar de lo que es muy bueno y hacer lo muy honorable. Esto indica una cabeza y un corazón perfectos. Ambos nacen de la superioridad de ánimo. Las palabras son la sombra de los hechos. Unas son hembras y otros son varones. Es más importante ser celebrado

que celebrar. Hablar es fácil; y hacer, difícil. Los buenos hechos son la esencia de la vida; y las nobles palabras, el adorno. La importancia de los hechos perdura; la de las palabras no. Las acciones ilustres son el fruto de la prudencia. Los dichos son sabios y los hechos son poderosos.

203 *Conocer a los hombres eminentes de su época.* No son muchos: un fénix en todo un continente, un Gran Capitán, un perfecto orador, un sabio en todo un siglo, un eminente rey en muchas centurias. Las mediocridades son muchas y poco apreciadas. Las eminencias son raras, porque precisan la mayor perfección, y cuanto más elevada la categoría, es más difícil alcanzarla. Muchos tomaron de César y de Alejandro el sobrenombre de «Magno», pero fue en vano: sin hechos la voz es solo un poco de aire. Ha habido pocos Sénecas y un único Apeles famoso.

204 *Hay que comenzar lo fácil como si fuera difícil y lo difícil como si fuera fácil*, para no confiarse ni desanimarse. Solo hay que dar algo por hecho para que no se haga; el esfuerzo allana el camino imposible. En los trances más difíciles no hay que pensar, sino actuar. La visión del peligro provoca la parálisis.

205 *Saber utilizar el desprecio*. El secreto para obtener las cosas es despreciarlas. Cuando se buscan, normalmente no se encuentran, y luego, inesperadamente, se consiguen. Todas las cosas son solo una sombra de las celestiales. Su propiedad tiene también algo de sombra: huye del que la sigue y persigue a quien la rehúye. El desprecio es también la más hábil venganza. Una valiosa regla de los sabios: no defenderse nunca con la pluma, pues deja rastro y es más un premio que un castigo del rival. Provocar a los grandes hombres para alcanzar la fama por vía indirecta es una estratagema indigna: no conoceríamos a muchos que no lo merecían si unos excelentes contrarios no les hubieran hecho caso. No hay venganza como el olvido: así quedan sepultados en el polvo de su nada. Algunos imprudentes querrían ser famosos a costa de quemar las maravillas del mundo. Para acabar con la murmuración hay que ignorarla: refutarla perjudica y ofenderse desacredita. Frente a la envidia, satisfacción. Incluso esta sombra, aunque no oscurece, quita lustre a la mayor perfección.

206 *Saber que hay gente vulgar en todas partes*. Incluso en Corinto, y en la más selecta familia. Cada uno lo experimenta hasta dentro de su casa. Lo peor es que la gente vulgar está también en las clases superiores. Esta gente vulgar «especial» tiene las características de la común: una vez roto el espejo, por valioso que fuera, sus trozos carecen igualmente de valor; pero es más perjudicial: dice tonterías y critica con impertinencia.

Es fiel discípulo de la ignorancia, madrina de la necedad y aliada de la mentira. No hay que preocuparse por lo que dice, y mucho menos por lo que piensa. Es importante conocerla para librarse de su trato y su influencia. Cualquier necedad es una vulgaridad, y la gente vulgar se compone de necios.

207 *Tener autocontrol.* Hay que tener más cuidado en las situaciones imprevistas. La prudencia se desliza con la fuerza de las pasiones: entonces es fácil perderse. Se avanza más en un instante de furia o alegría que en muchas horas de indiferencia. Unos minutos pueden avergonzar durante toda la vida. La astucia ajena tienta de este modo a la prudencia para descubrir su profundidad. Quiere sonsacar lo más secreto, averiguar el fondo de la mayor capacidad. La mejor respuesta es el autocontrol, de los impulsos en especial. Se necesita mucha reflexión para que no se desboque la pasión. ¡Gran cuerdo el que lo es a caballo![29] Se mueve con cuidado quien presiente el peligro. Parecen ligeras las palabras a quien las arroja, pero pesadas a quien las recibe y pondera.

208 *No padecer la enfermedad del necio.* Normalmente, los sabios sufren por falta de malicia; y los necios, al contrario, por demasiados consejos. La enferme-

29. Véase la nota del aforismo 155.

dad del necio es pensar de más. Unos sufren porque sienten y otros disfrutan porque no sienten. Unos son necios porque nada les preocupa; y otros, porque sufren por todo. Es necio el que padece por sentir demasiado. Así que unos sufren por una inteligencia muy sensible y otros disfrutan por la ausencia de ella. Pero, aunque muchos padecen la enfermedad del necio, pocos necios mueren.

209 *Librarse de las necedades comunes.* Una muy especial prudencia. Las necedades comunes gozan de prestigio por estar muy extendidas. Algunos vencen la propia necedad, pero no saben escapar de la común. Prueba de ello es no estar contento con su suerte (aunque sea la mejor) ni insatisfecho de su inteligencia (aunque sea la peor). Todos reniegan de su suerte y codician la ajena. Los hombres de hoy alaban las cosas del pasado; y los de aquí, las del allá. Parece mejor todo lo pasado. Todo lo distante se estima más. Reírse de todo es tan necio como disgustarse por todo.

210 *Saber usar la verdad.* La verdad es peligrosa, pero el hombre de bien no puede dejar de decirla. Para eso se necesita arte. Los diestros médicos del ánimo inventaron el modo de endulzar la verdad, pues cuando saca de un engaño, es la amargura quintaesenciada. Aquí sirven los buenos modos: con una misma verdad uno adula y otro incomoda. Es mejor hablar a los pre-

sentes con ejemplos del pasado. Con el buen entendedor no hace falta ser muy explícito: en cuanto entienda, no más palabras. Las curas amargas no son para los príncipes: hay que dorarles la verdad con arte.

211 *En el cielo todo es contento, en el infierno todo es pesar*; y en el mundo, como está en medio, las dos cosas. Como estamos entre los dos extremos tenemos ambas. Alternan la buena y la mala suerte: ni todo felicidad, ni todo adversidad. Este mundo es un cero: por sí solo no vale nada, pero si se junta con el cielo vale mucho. Ante las variaciones lo prudente es la indiferencia. Los sabios no se admiran. Nuestra vida se complica como una comedia con desenlace final: atención a que termine bien.

212 *Guardarse siempre los últimos recursos de su arte*. Los grandes maestros se valen de esta sutileza incluso al enseñarla. Al estar siempre por encima, siempre se es maestro. Con arte hay que mostrar el arte: no se debe agotar nunca la fuente de la enseñanza ni la de los dones. Así se conserva la reputación y la dependencia de los demás. Al complacer y enseñar hay que guardar una norma importante: aumentar siempre la admiración ajena y progresar en la propia perfección. La gran regla para vivir y ganar, especialmente en los empleos más elevados, es tener reservas en todos los asuntos.

213 *Saber llevar la contraria.* Es una hábil estratagema para provocar: no para porfiar, sino para sonsacar. Es el único medio de hacer saltar los sentimientos íntimos. El vomitivo de los secretos es resistirse a creer: es la llave del pecho más cerrado. Con mucha sutileza se ponen a prueba la voluntad y el juicio de los demás. El desprecio sagaz de las palabras misteriosas de otro atrapa los más profundos secretos. Van apareciendo poco a poco en su lengua y caen así en las sutiles redes del engaño. El prudente destruye con su reserva la resistencia del otro y averigua los sentimientos de un corazón que sería inescrutable de otra forma. Una duda fingida es la ganzúa más sutil para satisfacer la curiosidad. Hasta en la educación es útil: el estudiante que contradice al maestro consigue que este sea más preciso, fundado y profundo. Una moderada oposición da lugar a una cumplida enseñanza.

214 *No multiplicar por dos una necedad.* Es muy frecuente que para remediar un error se cometan cuatro. Evitar uno con otro mayor es como decir mentiras o necedades: para apoyar una se necesitan muchas más. Lo peor de un error es empecinarse; y mucho peor que el error mismo es no saber disimularlo. Una equivocación se paga con más equivocaciones. Hasta el más prudente puede tener un descuido, pero no dos, y más como accidente que como norma.

215 *Atención a quien viene con segunda intención.* El hombre astuto se da maña para engañar la voluntad ajena antes de atacarla: vence porque convence. Para ganar disimula su verdadera intención: viene con segundas para ser el primero. Con la sorpresa se garantiza el éxito. Hay que estar atentos a las desveladas intenciones; y si se quieren ocultar con segundas, la atención debe ser la primera en descifrarlas. Con cautela se debe advertir la estratagema y seguir las vueltas que da la segunda intención antes de llegar a lo que realmente quiere: dice una cosa pero quiere otra, gira con habilidad hasta dar en el blanco de sus deseos. Hay que conceder con cautela. A veces será conveniente dar a entender que se ha entendido el juego.

216 *Ser claro.* No solo con facilidad de palabra, sino con una mente lúcida. Algunos piensan bien pero se explican mal: sin claridad los hijos del alma (decisiones e ideas) no salen a la luz. Algunos se parecen a esas vasijas que absorben mucho pero dan poco. Otros, por el contrario, dicen mucho más de lo que sienten. Lo importante es una gran claridad al adoptar decisiones y pensar. Se aplaude a los escritores claros, y a los confusos se les venera por no entenderlos. A veces conviene la oscuridad para no ser vulgar. Pero ¿cómo entenderán los que escuchan si los que hablan no tienen idea clara de lo que dicen?

217 *Ni amar ni odiar eternamente.* Los amigos de hoy serán los enemigos del mañana, incluso los peores. Como sin duda así será, hay que estar prevenido. A los tránsfugas de la amistad no hay que darles armas, pues con ellas nos harán la peor guerra. Por el contrario, con los enemigos tener siempre la puerta abierta a la reconciliación. La puerta de la generosidad es la más segura. A veces una venganza consumada se convierte en tormento, y el placer por el daño causado al enemigo se torna pesar.

218 *No actuar nunca por terquedad, sino por prudente reflexión.* La obstinación es siempre pesada. Es la hija predilecta de la pasión, la que nunca hizo nada a derechas. Algunos todo lo convierten en enfrentamiento: son bandoleros del trato, que todo lo contemplan bajo el prisma de la victoria. No saben actuar pacíficamente. En puestos de dirección son perniciosos, porque actúan con partidismo y convierten en enemigos a los que hubieran sido como buenos hijos. Quieren usar la astucia en todo, y todo conseguirlo con artimañas. Pero cuando los demás se dan cuenta de su paradójico carácter, se les enfrentan de inmediato y procuran estorbar la realización de sus quimeras, de modo que los tercos no consiguen nada. Se dan atracones de enfados y todos colaboran en su disgusto. Tienen el gusto estropeado, y quizá también el corazón. El mejor modo de tratar a estos monstruos es huir a las tierras vírgenes: se soporta mejor la vida salvaje que la fiereza de los tercos.

219 *No ser tenido por astuto*, aunque ya no se puede vivir sin astucia. Mejor prudente que astuto. A todos les gusta recibir un trato sincero, pero no a todos les gusta darlo. La sinceridad no se debe extremar hasta la simpleza, ni la sagacidad hasta la astucia. Mejor venerado por sabio que temido por cauteloso. Los sinceros son amados, pero también engañados. La mejor astucia es la que no se ve, pues se considera un engaño. En la Edad de Oro floreció la sinceridad; y la malicia, en esta Edad de Hierro. Ser tenido por hombre que sabe lo que hay que hacer trae confianza y honor. Ser tenido por astuto engendra falsedad y recelo.

220 *Si uno no puede ponerse la piel de león, póngase la de zorro*. Adaptarse a la época es vencerla. El que se sale con la suya nunca pierde su reputación. Si no hay fuerza, maña: por un camino o por otro, por el principal del valor o por el atajo de la astucia. Más cosas ha hecho la maña que la fuerza. Más veces vencieron los sabios a los valientes que al revés. Cuando no se puede alcanzar una cosa, surge el desprecio de los demás.

221 *No ser impertinente*: ni para comprometerse ni para comprometer. Algunas personas son obstáculos para la dignidad, propia o ajena; están llenas de necedad. Se encuentran con facilidad y causan infelicidad.

No a sí mismos, a pesar de sus cien enfados diarios: son susceptibles y llevan la contraria a todo lo que existe. Se colocaron el juicio al revés y por eso todo lo critican. Pero los más peligrosos para la prudencia son los que no hacen nada bien y de todo hablan mal: hay muchos monstruos en el extendido país de la impertinencia.

222 *El detenimiento es una señal de prudencia.* La lengua es una fiera: si se suelta una vez, es muy difícil volver a encadenarla. Ella es el pulso del alma que los sabios saben interpretar. En ella los prudentes toman el pulso de su corazón. El problema es que quien debía ser más prudente es quien menos se reporta. El sabio evita los enfados y aprietos: muestra hasta qué punto se domina. Es circunspecto: en imparcialidad, un Jano; en la comprobación, un Argos. Hubiera sido mejor que Momo echara más de menos los ojos en las manos que una ventanilla en el pecho.[30]

223 *No singularizarse demasiado.* Algunos, por presunción o por descuido, se singularizan con extravagancia adoptando modales ridículos. Es un defecto, más

30. Jano es el dios romano que tiene dos caras: una mira hacia delante, otra hacia atrás. Sobre Argos véase la nota del aforismo 83. Momo: divinidad griega de la locura y la burla. Momo echó en falta, para poder conocer las intenciones, una ventana en el pecho del hombre que había creado Hefesto.

que una distinción. Estos, igual que algunos son muy conocidos por algún extraño defecto facial, lo son por algún exceso en su conducta. Singularizarse destruye la reputación, con una indeseable particularidad: que provoca, en unos y otros, risa y enfado.

224 *Saber cómo tomar las cosas*. No a contrapelo, aunque así vengan. Todas tienen haz y envés. Si se coge por el filo, la mejor de ellas lastima. La peor nos defenderá si, por el contrario, se toma por el mango. Muchas cosas penosas habrían sido de alegría si se hubiera valorado lo más conveniente. En todo hay sus pros y sus contras. La habilidad está en encontrar lo más útil. Una misma cosa es muy diferente según la luz con que se mire: véase a la luz de la felicidad. No hay que confundir el bien y el mal. Por eso algunos en todo encuentran alegría; y otros, pesar. Este es un magnífico remedio contra los golpes de la suerte y una gran regla para vivir en cualquier época y ocupación.

225 *Conocer su peor defecto*. Nadie vive sin el contrapeso de la mejor cualidad. Si se le favorece, el peor defecto nos dominará como un tirano. Hay que declararle la guerra. El primer paso es descubrirlo: conociéndolo será vencido, especialmente si el interesado lo ve como lo ven los demás. Para ser dueño de uno mismo hay que estar sobre sí. Vencido este defecto, los demás acabarán.

226 *Ganarse la voluntad ajena.* En general cada uno actúa no como quien es, sino según se ve obligado. Cualquiera puede persuadir de lo malo, porque lo malo se cree con facilidad, aunque a veces sea increíble. De lo que tenemos, la mayor y mejor parte depende de las relaciones con otros. Algunos se contentan con tener la razón de su parte, pero no es suficiente: hay que ayudarla con el esfuerzo. A veces cuesta muy poco ganarse la voluntad ajena y es muy valioso: se compran obras con palabras. En la gran casa del mundo ninguno de los enseres es tan despreciable que no haya que usarlo una vez al año. Aunque valga poco, hará mucha falta. Cada uno habla de las cosas según su sentimiento.

227 *No dejarse llevar de la primera impresión.* Algunos se casan con la primera información: las demás son concubinas. La mentira siempre se adelanta, con lo que la verdad no tiene sitio después. Ni la voluntad ni la inteligencia se deben llenar con la primera impresión: indica poco fondo. La capacidad de algunos es como una vasija nueva: se impregna del primer olor, tanto del licor malo como del bueno. Es pernicioso que los demás conozcan esta limitación, pues da pie a estratagemas maliciosas: los malintencionados se anticipan y se tiñen del color de la credulidad. Siempre debe haber lugar para un segundo examen: que Alejandro guarde su oreja para escuchar la otra parte. Debe existir la posibilidad de una segunda y una tercera información. Dejarse impresionar demuestra incapacidad y está cerca de la pasión.

228 *No ser murmurador.* Y mucho menos tener fama de «antifamas». No hay que ser ingenioso a costa de los demás, pues es más odioso que difícil. Todos se vengan hablando mal de él. Uno contra muchos será vencido con más facilidad que convencidos los otros. Lo malo nunca debe alegrar, ni siquiera comentarse. El murmurador es aborrecido eternamente. Aunque a veces los grandes personajes se crucen con él, será más por entretenimiento que por estima. El que habla mal siempre oye peor.

229 *Saber repartir su vida con sabiduría*, y no como vengan las cosas, sino eligiendo con previsión. Sin descansos la vida es penosa, igual que un largo camino sin posadas. Es más dichosa con una erudición variada. La primera jornada de la hermosa vida debe gastarse en hablar con los muertos: nacemos para entender y entendernos, y los libros nos hacen fielmente personas. La segunda jornada debe emplearse en los vivos: ver y guardar todo lo bueno del mundo. No todo se encuentra en una sola tierra: el Padre Universal repartió las dotes y a veces hizo rica a la más fea. La tercera jornada debe ser toda para sí mismo: filosofar es la última felicidad.

230 *Abrir los ojos a tiempo.* No todos los que ven han abierto los ojos, ni ven todos los que miran. Caer tarde en la cuenta no es ningún remedio, sino un pesar. Algunos empiezan a ver cuando no hay nada que ver: deshicieron sus casas y sus cosas antes de hacerse una auténtica persona. Es difícil dar entendimiento a quien no tiene voluntad, y aún más dar voluntad a quien no tiene entendimiento. Los que están alrededor juegan con ellos como con ciegos, mientras los demás se ríen. Como son sordos para oír, no abren los ojos para ver. Pero no falta quien fomente este sinsentido, pues él vive de que los demás no vivan. ¡Infeliz del caballo cuyo amo no tiene ojos! Mal podrá engordar.

231 *No enseñar nunca las cosas a medio hacer.* Es mejor que disfruten de su perfección. Todos los principios son informes: la imagen de la deformidad permanece. El recuerdo de haber visto el objeto inacabado impide disfrutarlo una vez terminado. Ver de una vez un objeto grande impide apreciar las partes, pero satisface el gusto. Antes de existir las cosas están en la nada, y cuando comienzan a existir aún están muy dentro de su nada. Contemplar cómo se cocina el alimento más exquisito, antes que apetito produce asco. El gran maestro evitará que vean sus obras en embrión. Debe aprender de la naturaleza a no exponerlas hasta que puedan gustar.

232 *Ser un poco negociante.* A la teoría hay que unir la práctica. Es fácil engañar a un sabio, porque conoce hasta lo más extraordinario, pero ignora lo más necesario: las cosas ordinarias de la vida. El estudio de lo más sublime no les deja lugar para lo más sencillo. Ignoran lo primero que debían saber, lo que todos dominan. Por eso la gente superficial o les admira o les considera ignorantes. El hombre sabio debe intentar ser un poco negociante, lo suficiente para no ser engañado ni objeto de risa. Tiene que ser práctico: no es lo más elevado, pero sí lo más precioso de la vida. ¿De qué sirve el saber si no es práctico? ¡El verdadero saber de hoy es saber vivir!

233 *No fallarle al gusto ajeno.* No causar un pesar en vez de un placer. Algunos, con lo que pensaban ganar la voluntad, molestan, por no tener en cuenta el temperamento. Lo que para uno es elogio para otro es ofensa; lo que se creyó un favor se tomó como insulto. A veces resultó más costoso el disgusto de lo que hubiera costado el placer. Se pierde el agradecimiento y el premio cuando no se sabe agradar. Si no se conoce el temperamento de los demás, difícilmente se le podrá satisfacer. Por eso algunos, deseando decir un elogio, dijeron un insulto: fue un merecido castigo. Otros creen que su elocuencia entretiene, cuando en realidad su locuacidad nos castiga el alma.

234 *No confiar a otro la reputación sin tener la suya como garantía.* Hay que obtener ganancias iguales del silencio e iguales perjuicios si se habla. En cosas que afectan al honor siempre hay que ir a partes iguales, para que la reputación propia obligue a cuidar de la ajena. Uno no debe nunca confiarse a otro. Si alguna vez es preciso, hay que ser muy hábil para que el otro sea aún más cauto que prudente. El riesgo y el interés deben ser comunes, para que el que se llama socio no se convierta en testigo de cargo.

235 *Saber pedir.* Nada es más difícil para algunos ni más fácil para otros. Los hay que no saben decir que no; con ellos no se necesitan artimañas. En otros la primera palabra es *no*; con ellos se precisa astucia. Con todo hay que esperar la oportunidad: cogerles contentos después que el cuerpo y el ánimo hayan comido bien. Si su cauta vigilancia no les previene de la artimaña, los días alegres son los de hacer favores: la alegría interior rebosa hacia afuera. Cuando se ha visto decir que no a otro, no hay nada que intentar: el miedo al *no* se ha perdido. Con la tristeza no hay ninguna oportunidad. Hacer favores el primero es una garantía de reciprocidad, a no ser que se trate con un ruin.

236 *Convertir los premios en deudas de gratitud.* Los grandes políticos lo hacen. Conceder los favores antes de conocer los méritos es una prueba de nobleza de ánimo. Anticipar el premio tiene dos ventajas: al darlo con rapidez acrecienta la deuda de gratitud y la deuda se convierte en obligación. Así se invierten sutilmente las obligaciones: la de dar el premio se transforma en la obligación de corresponder con gratitud. Esto solo afecta a los hombres honrados. Con los viles, adelantar los honorarios es más un freno que un acicate.

237 *No compartir secretos con el superior.* Uno creerá repartir peras y serán piedras. Muchos perecieron por ser confidentes: corrieron el riesgo de acabar como las cucharas de corteza de pan. Compartir un secreto no es un favor del príncipe, sino una carga. Muchos rompen el espejo porque les recuerda su fealdad; no pueden ver a quien vio su intimidad; no es bien visto quien vio algo desfavorable. A nadie se puede mantener muy endeudado, y mucho menos al poderoso. Es mejor que sea por lo que uno ha hecho que por lo recibido. Sobre todo son muy peligrosas las confianzas de la amistad. Quien cuenta a otro sus secretos se hace su esclavo. Con los soberanos es una violencia que no puede durar: quieren recuperar su libertad perdida y pasarán por encima de todo, incluso de la justicia. Los secretos: ni oírlos ni decirlos.

238 *Saber qué cualidad falta.* Muchos serían verdaderas personas si no les faltara algo sin lo que nunca alcanzarán la perfección. Algunos podrían ser importantes si se dieran cuenta de muy poco. Unos necesitan dignidad para no deslucir sus buenas cualidades. Otros, suavidad en el trato: si falta, los que están alrededor la echan de menos enseguida, especialmente en los grandes personajes. En unos falta rapidez al hacer las cosas; y en otros, más sosiego. Todos estos defectos, si se viesen, se podrían remediar fácilmente: el cuidado puede convertir la costumbre en una segunda naturaleza.

239 *No ser resabido.* Es más importante ser prudente. Saber más de lo conveniente es pasarse de listo: lo más agudo siempre se rompe. El sentido común es más seguro. Está bien ser inteligente, pero no hablar por hablar. Discurrir caprichosamente es como reñir. Mucho mejor es un juicio sustancial que solo discurre sobre lo que más importa.

240 *Saber aparentar ignorancia.* A veces el más sabio emplea esta carta. Hay ocasiones tales que lo más sabio es demostrar no saber. No se debe ignorar, pero sí fingir que se ignora. Importa poco ser sabio con los necios o cuerdo con los locos: hay que hablar a cada uno en su propio lenguaje. El necio no es el que finge necedad, sino

quien la padece. Es necesidad la simulada. ¡Hasta aquí llega la astucia! Para ser estimado, el único medio es vestir la piel de asno.

241 *Soportar las bromas, pero no gastarlas.* Lo primero es generosidad y lo segundo, un compromiso. Quien con bromas se ofende demuestra ser muy animal. Las buenas bromas agradan. Soportarlas es señal de tener capacidad. El que se pica da pie al repique. Hay que dejar las bromas en lo mejor, y lo más conveniente es no iniciarlas. Los mayores problemas siempre han nacido de las bromas. No hay nada que necesite más atención y habilidad: hay que saber, antes de empezar, hasta dónde podrá aguantar cada uno.

242 *Apurar la victoria.* Algunos se agotan al comenzar y no acaban nada. Empiezan, pero no continúan: tienen un carácter inestable. Nunca reciben elogios porque nada continúan: terminan siempre por abandonar. En otros, sin embargo, el origen está en un temperamento impaciente, defecto de los españoles, igual que la paciencia es una virtud de los belgas. Estos acaban las cosas, pero aquellos acaban con ellas: sudan hasta superar la dificultad y se contentan con vencer, pero no saben apurar la victoria; demuestran que pueden pero que no quieren. Siempre es un defecto: o error de cálculo o inconstancia. Si lo hecho es bueno,

¿por qué no se acaba? Y si es malo, ¿por qué se empezó? El sagaz no solo levanta la perdiz: la caza.

243 *No ser solo paloma.* Hay que alternar la astucia de la serpiente con la candidez de la paloma. Nada es más fácil que engañar a un hombre de bien: quien nunca miente es crédulo y quien nunca engaña es confiado. No siempre se engaña por necio, a veces es por bueno. Dos tipos de personas evitan con frecuencia los daños: los escarmentados (por experiencia propia) y los astutos (por la ajena). Hay que ser extremadamente cauto y sagaz frente a los enredos más astutos. Uno no puede ser tan bueno que, a su costa, permita a otro ser malo. Hay que ser un milagroso cruce, y no un monstruo, de paloma y serpiente.

244 *Saber crear deudas de gratitud.* Algunos cambian la dirección de los favores, pues parece, o dan a entender, que hacen un favor cuando lo reciben. Algunas personas son tan hábiles que premian al pedir y transforman su beneficio en un honor para el otro. Actúan de tal manera que parezca que los demás cancelan una deuda cuando les regalan algo; así cambian la dirección de las deudas de gratitud con una extraordinaria maña. Al menos consiguen crear la duda sobre quién hace el favor a quién. Solo con elogios compran lo mejor, y al expresar su gusto por una cosa conceden

honra y alabanza. Crean una deuda en la cortesía ajena con lo que debía ser su propio agradecimiento. Así cambian la deuda de activa a pasiva, con más habilidad que corrección. Esta es una gran habilidad, pero lo es más entenderla, deshacer el engaño, devolverles sus elogios y recuperar el beneficio propio.

245 *En ocasiones, razonar de forma inusual.* Es la prueba de una capacidad superior. No hay que estimar a quien nunca nos contradice, pues no lo hace por afecto, sino por beneficio propio. Uno no debe dejarse engañar por la adulación y premiarla, sino condenarla. Hay que considerar un honor el que algunos murmuren de uno, especialmente si hablan mal de todos los buenos. Si nuestras cosas agradan a todos es que no son buenas: la perfección es cosa de pocos.

246 *No dar nunca satisfacción a quien no la pedía.* Incluso aunque se pida, si es innecesaria, es reconocer una culpa. Excusarse antes de tiempo es acusarse. Tomar medicinas cuando se está sano es avisar a la enfermedad y a la malicia: una excusa por adelantado despierta el recelo dormido. El prudente no debe darse por enterado de las sospechas ajenas, para no ir en busca del agravio. El desmentido debe estar en su recta conducta.

247 *Saber un poco más y vivir un poco menos*. Otros piensan lo contrario. Mejor es el ocio bien empleado que el negocio. Solo poseemos tiempo: lo tiene hasta quien nada tiene. Tan desafortunado es gastar la preciosa vida en trabajos mecánicos como en un exceso de los más sublimes. No hay que cargarse ni de ocupaciones ni de rivalidades: eso es maltratar la vida y acabar con el ánimo. Algunos creen que también hay que evitar el saber, pero si no se sabe, no se vive.

248 *No ser del último que llega*. Algunas personas se dejan llevar de lo último que oyen: la impertinencia está en los dos extremos. Su sensibilidad y voluntad son de cera: el último que llega deja su marca y borra todo lo anterior. Estas personas nunca están ganadas del todo, porque se pierden con la misma facilidad. Cada uno los tiñe de su color. Son malos confidentes: toda la vida son niños. Siempre andan fluctuando en sus inconstantes opiniones y afectos. Su voluntad y su juicio cojean, y se inclinan a una parte y a otra.

249 *No empezar a vivir por donde hay que terminar*. Algunos descansan al principio y dejan el trabajo para el final. Lo esencial debe ir primero y después, si hay lugar, lo accesorio. Otros quieren triunfar antes de luchar. Algunos empiezan aprendiendo lo que menos

importa, y los estudios que ganan estima y más ayudan los dejan para cuando se acaba la vida. Otros aún no han comenzado a enriquecerse y ya se enorgullecen. Para saber y poder vivir es esencial el método.

250 *¿Cuándo hay que razonar al revés?* Cuando nos hablan maliciosamente. Con algunos todo debe ir al revés: el *sí* es *no* y el *no* es *sí*. Hablar mal de una cosa es estimarla, porque quien desea poseerla, la desacredita ante los demás. No todos los elogios son honrados: algunos, por no alabar a los buenos, alaban también a los malos. Para quien piensa que nadie es malo no habrá nadie bueno.

251 *Hay que usar los medios humanos como si los divinos no existieran, y los divinos como si no existieran humanos*. Es una regla de un gran maestro.[31] No hay que añadir ningún comentario.

252 *Ni del todo para sí ni del todo para los demás*. Ambas cosas son una baja tiranía. Si uno quiere pertenecerse por entero, luego querrá poseer todas las co-

31. San Ignacio de Loyola (1491-1556).

sas. Los que son así no saben ceder en lo más mínimo, ni perder nada de comodidad. No se ganan a los demás, confían en su suerte y tienen un falso apoyo. A veces conviene ser de los demás para que ellos sean de uno. Quien tiene un empleo público debe ser un esclavo público o «renunciar al cargo junto con la carga», como dijo la vieja a Adriano. Por el contrario, otros son por completo ajenos: la necedad siempre está en los excesos, y aquí además es desafortunada. Estos no tienen ni un día ni una hora suyas: pertenecen por entero a los demás. Tienen sabiduría para todos e ignorancia para sí mismos. El prudente debe entender que nadie le busca a él, sino aprovecharse de él o de otro a través de él.

253 *No explicar las ideas con demasiada claridad.*

La mayoría de la gente no estima lo que entiende, pero venera lo que no percibe. Para que algo se estime tiene que costar: se elogiará aunque no se comprenda. Siempre hay que parecer más sabio y prudente de lo que el interlocutor precisa: con moderación, y no con exceso, se gana reputación. Los entendidos valoran mucho la inteligencia, pero con la mayoría de la gente es necesario encumbrarse: no se les deja lugar para la crítica, pues están demasiado ocupados tratando de entender. Muchos alaban lo que no pueden explicar: lo oculto les parece un misterio y lo celebran porque oyen celebrarlo.

254 *No despreciar los males porque sean pequeños.* Nunca vienen solos, sino en cadena, igual que las alegrías. La suerte y la desgracia acuden, por lo común, donde ya abundan. Todos huyen del infeliz y se arriman al afortunado. Hasta las palomas, con toda su sencillez, prefieren la torre más blanca. Un desdichado carece de todo: de sí mismo, de juicio y de consuelo. No hay que despertar a la desgracia cuando duerme. Un desliz no es nada, pero conduce a una caída fatal de ignoradas consecuencias: igual que no hay bien completo, ningún mal acaba del todo. Paciencia para los males que caen del cielo y prudencia para los del suelo.

255 *Saber hacer el bien.* Un poco cada vez y con frecuencia. No hay que crear deudas impagables: quien mucho da no da, sino que vende. No se debe poner en un aprieto al agradecido: si es imposible, no podrá corresponder. Para perder a muchos solo hay que endeudarlos demasiado: al no poder pagar abandonan el agradecimiento y se convierten en enemigos. El ídolo no querría ver delante a quien lo esculpió; ni quien está en deuda, a su bienhechor. Hay que dar con maña: que cueste poco y se desee mucho. Así se estimará más.

256 *Ir siempre prevenido*: contra los descorteses, los porfiados, los presumidos y todo tipo de necios. Son muchos, pero lo prudente es no encontrarse con ellos. Cada día uno debe armarse de decisión ante el espejo de la prudencia. Así se vencerán los encuentros necios. Si se va sobre aviso, no se arriesgará la reputación. Quien va precavido no sufrirá la impertinencia. Es difícil moverse por el trato humano, porque está lleno de trampas de descrédito. Lo más seguro es cambiar de rumbo con la astucia de Ulises. Es muy útil la evasiva táctica. La generosidad es, por encima de todo, la única salida de los aprietos.

257 *No llegar nunca a la ruptura*. De ella siempre sale perjudicada la reputación. Como enemigo cualquiera vale, pero no como amigo: pocos pueden ayudar y casi todos hacer daño. Ni siquiera el águila anida segura junto a Júpiter el día que ha roto con un escarabajo:[32] ser muy directo sirve a los malintencionados para atizar el fuego de la enemistad. De los amigos ofendidos salen los peores enemigos: añaden a su defecto todos los ajenos. Los que miran dicen lo que sienten y sienten lo que quieren; critican a todos: por falta de previsión al principio, por no detenerse al final, y, siempre, por falta de cordura. Hay que disculpar un alejamiento inevitable: mejor tibio en los favores que con violencia. Aquí viene bien aquello de una bella retirada.[33]

32. Alude Gracián a la fábula de Esopo *El águila y el escarabajo*.
33. Véase el aforismo 38.

258 *Buscar quien le ayude a sobrellevar las desgracias*. No estar nunca solo y menos en los asuntos arriesgados, porque habría que cargar con todo el odio. Algunos quieren hacerse con todo el poder y se hacen con todas las críticas. Hay que tener quien le disculpe o quien le ayude a sobrellevar el problema. Ni la gente ni la suerte se atreven fácilmente con dos. Por eso el médico inteligente, si se equivoca en el tratamiento, no se equivoca en buscar a quien, con la excusa de tener otra opinión, le ayude a llevar el ataúd. Así se reparte el peso y el pesar, pues la desgracia a solas se hace doblemente intolerable.

259 *Anticiparse a los agravios y convertirlos en favores*. Es más inteligente evitar los agravios que vengarlos. La mayor habilidad está en convertir en confidente al que debía ser rival, en transformar en defensas los posibles ataques a la reputación. Vale mucho saber ganarse a los demás: el agradecimiento no deja lugar al agravio. Saber vivir es convertir en placeres los que debían ser pesares. Hay que cambiar la malevolencia por confianza.

260 *No será de nadie por completo ni tendrá a nadie del todo*. Ni el parentesco, ni la amistad, ni la más apremiante deuda de gratitud son suficientes: hay una gran

diferencia entre abrir el pecho y entregar la voluntad. La mayor intimidad también tiene sus reservas y no por ello se es descortés. El amigo siempre se guarda algún secreto; el hijo no lo cuenta todo a su padre. Se ocultan a unos unas cosas que se compartirán con otros, y al revés. Es decir, que uno se da por entero y se oculta del todo según el interlocutor.

261 *No seguir adelante con la necedad.* Algunos convierten el error en una obligación: como se equivocaron al comienzo, creen que, por constancia, hay que continuar. En su fuero interno ven el error, pero en su exterior lo excusan. Por eso su imprudencia inicial se convierte a los ojos de todos en necedad. No obligan ni las promesas irreflexivas ni la determinación equivocada. Pero algunos persisten en su torpeza inicial y siguen adelante con su escasa inteligencia: quieren ser constantes de modo impertinente.

262 *Saber olvidar.* Es más suerte que sabiduría. Las cosas que hay que olvidar son las que más se recuerdan. La memoria es informal (porque falta cuando es más necesaria) y necia (porque acude cuando no conviene): se detiene en lo que apena y se descuida en lo que gusta. A veces el remedio de una desgracia es olvidarla, pero se olvida el remedio. Hay, pues, que acostumbrar bien a la memoria, porque ella sola pro-

porciona la felicidad o el infierno. De esto se excluyen los satisfechos de sí mismos: son felices en su simplicidad.

263 *No poseer en propiedad muchas de las cosas que gustan.* Se disfruta más de ellas si son ajenas. El dueño solo goza el primer día; los extraños, los demás. Las cosas ajenas se disfrutan doblemente: el riesgo de dañarlas no existe y sí el placer de la novedad. Todo sabe mejor con privación: el agua ajena parece néctar. Poseer las cosas, además de disminuir el disfrute, aumenta el enfado por prestarlas o por no hacerlo. Tener cosas es mantenerlas para los demás. Se ganan más enemigos que agradecidos.

264 *No descuidarse nunca.* A la suerte le gusta gastar bromas y hará lo imposible por coger a uno descuidado. La inteligencia, la cordura y el valor siempre deben estar a punto; incluso la belleza, porque si se confía, se hundirá. Cuanto más cuidado se necesita, menos se tiene: no pensar es una zancadilla para fracasar. Suele ser una táctica de los cautelosos examinar rigurosamente nuestras cualidades en un momento de descuido. Conocen los mejores días y los excluyen con astucia; pero el día que menos se espera es el día de la prueba.

265 *Saber enfrentar a los subordinados a situaciones difíciles.* Un aprieto oportuno convirtió a muchos en verdaderas personas, igual que estar a punto de ahogarse crea nadadores. Así muchos descubrieron la valía, y la sabiduría incluso. Si no se les hubiera ofrecido la ocasión, se habrían quedado hundidos en su encogimiento. Los aprietos son oportunidades para ganar reputación: el noble, en un problema de honor, valdrá por mil. Esta lección (y todas las demás) la entendió muy bien la reina Isabel la Católica. A su galante apoyo debió el Gran Capitán su nombre; y muchos otros, su eterna fama. Ella, con esta maña, hizo a muchos grandes hombres.

266 *No ser malo por demasiado bueno.* Lo es quien no se enfada nunca. Los insensibles tienen poco de personas. No siempre lo son por falta de sensibilidad, sino por incapacidad. Las personas sienten con fuerza en el momento preciso. Hasta las aves se burlan de los espantapájaros, de los que solo parecen personas. Alternar lo agrio y lo dulce es una prueba de buen gusto: los niños y necios solo quieren dulzura. Es una gran desgracia perderse por demasiado bueno en la insensibilidad.

267 *Palabras de seda, con suavidad de carácter.* Las saetas atraviesan el cuerpo; y el alma, las malas palabras. Una buena pastilla hace que huela bien la boca:

saber vender el aire es una muestra de perspicacia. La mayoría de las cosas se paga con palabras. Ellas solas pueden realizar imposibles. Los negocios se hacen con aire y son aire. El aliento del superior alienta mucho. Siempre hay que tener azúcar en la boca para endulzar las palabras, pues saben bien hasta a los enemigos. El único medio para ser amable es ser apacible.

268 *El prudente hace a tiempo lo que el necio a destiempo.* Los dos hacen lo mismo. Solo se diferencian en el momento: uno a tiempo y otro a destiempo. Quien desde el principio tiene la inteligencia colocada al revés, todo lo hace igual: olvida entre sus pies lo que debiera llevar en la cabeza, la diestra convierte en siniestra y no hace nada a derechas. Solo hay una forma de caer en la cuenta: pronto. Los necios hacen obligados lo que podrían hacer con gusto. Sin embargo, el discreto enseguida se da cuenta de lo que hay que hacer más tarde o más temprano, y lo hace con gusto y ganando reputación.

269 *Sacar partido a su novedad.* Se estimará a uno mientras sea nuevo. En todas partes la novedad agrada porque varía: refresca el gusto. Se estima más una mediocridad nueva que un prodigio acostumbrado. Hasta lo eminente se gasta y envejece. Recuérdese que la gloria de la novedad durará poco: a los cuatro días le perderán el respeto. Por ello hay que valerse de esa primera esti-

mación y sacar de ese agrado fugaz todo lo posible. Si se enfría el calor de lo reciente, la pasión se resfría: el gusto se convierte en rechazo. Todo ha tenido su momento y ha pasado.

270 *No ser el único en criticar lo que les gusta a muchos.* Algo tiene de bueno lo que gusta a tantos. Aunque no se puede explicar, se disfruta de ello. La singularidad siempre es odiosa, y, si está equivocada, es además ridícula: se desprestigia a sí misma más que al objeto de su crítica; se quedará sola con su mal gusto. Si no se sabe encontrar lo bueno, hay que disimular esa inteligencia limitada. No se debe criticar a bulto: el mal gusto habitualmente nace de la ignorancia. Lo que todos dicen o ya es o será.

271 *El que sabe poco debe atenerse siempre a lo más seguro de cada oficio.* Así, aunque no se le tenga por ingenioso, le tendrán por seguro. El que sabe puede arriesgarse a hacer lo que quiera, pero saber poco y arriesgarse es caer voluntariamente por el precipicio. Se debe mantener el camino derecho y no faltará el camino firme. Si se sabe poco, el camino general. Si se sabe o no, en cualquier caso, la seguridad es más prudente que la singularidad.

272 *Vender las cosas a precio de cortesía*: así se crean deudas de gratitud. Lo que pide el interesado nunca llegará a lo que da el generoso agradecido. La cortesía no da, crea una deuda, y la generosidad es la mayor deuda. Para el hombre de bien no hay nada tan valioso como lo que se le da. Es como venderlo dos veces y a dos precios: el intrínseco y el de la generosidad. Pero para el ruin el lenguaje de la generosidad es ininteligible, porque no conoce la buena educación.

273 *Comprender los temperamentos de la gente con quien se trata*: para conocer sus intenciones. Si se conocen las causas, se conocen las consecuencias; de esas se deducen las intenciones. El pesimista es siempre un agorero, y el maldiciente siempre encuentra culpas. Les sucede todo lo peor, y como no ven los bienes presentes, anuncian los males futuros. El apasionado siempre ve las cosas de modo diferente de como son: en él habla la pasión, no la razón. Cada uno habla según sus afectos y su humor: todos están muy lejos de la verdad. Hay que saber descifrar las caras e interpretar las señales del alma. Se conocerá así al necio porque siempre se ríe, y al falso por no hacerlo nunca; se evitará al preguntón, porque es voluble o por fijarse en los defectos. De los de feo rostro se esperará poco bueno: suelen vengarse de la naturaleza porque los favoreció poco. La necedad es directamente proporcional a la belleza.

274 *Tener atractivo*: es un hechizo que debe utilizarse para atraer voluntades más que beneficios, o para las dos cosas. Los méritos sin atractivo no bastan. El agrado nos hace plausibles; es el más práctico instrumento del poder. Es una suerte caer en gracia, pero hay que ayudarse con arte: con el talento innato se aviene mejor el arte. Así nacen la simpatía y la posibilidad de la benevolencia universal.

275 *Corriente, pero no indecente*. La cortesía nos pide no parecer siempre serios o enfadados. Para ganar la estima de los demás hay que ceder algo del decoro. Alguna vez se puede hacer lo que los demás, pero sin indecencia: a quien se considera necio en público no se le tendrá por prudente en secreto. Se pierde más en un día de fiesta que lo que se ganó con seriedad. No hay que ser siempre una excepción: singularizarse es condenar a los otros. Ni hay que ser melindroso, como una mujer. Incluso los melindres religiosos son ridículos. Lo mejor de un hombre es parecerlo: la mujer puede fingirse hombre a la perfección, pero no al revés.

276 *Acompañar de esfuerzo el cambio natural de carácter*. Cada siete años dicen que se cambia la constitución: que sea para mejorar y para refinar el gusto. A los siete años de edad se alcanza la razón: también

debería adquirirse cada siete años una nueva perfección. Hay que conocer estos cambios y ayudarlos, y esperar que los otros mejoren. Por eso muchos cambiaron de conducta, de estado o de empleo; pero a veces no se nota hasta que no se ve un cambio extremo. El hombre es pavo a los veinte años, león a los treinta, camello a los cuarenta, serpiente a los cincuenta, perro a los sesenta, mona a los setenta y nada a los ochenta.

277 *Saber lucirse.* Cada cualidad tiene un momento adecuado para lucirla. Hay que aprovecharlo: la ocasión no se da a diario. Hay personas que saben sacar partido de lo más pequeño y lo lucen hasta causar admiración. La unión de la capacidad de lucirse y de un talento superior es prodigiosa. Hay países que saben lucirse: España lo hace mejor que otros. Pronto la luz fue el lucimiento de toda la creación. Lucirse satisface mucho, remedia mucho; da a todo una segunda naturaleza, especialmente cuando la realidad lo refuerza. El mismo cielo que nos da la perfección otorga también el lucimiento: por separado no sería natural. Se necesita arte para lucirse: incluso lo extraordinario depende de las circunstancias, no siempre ocurre. El lucimiento sale mal sin ocasión oportuna. En nada como aquí es inconveniente la afectación: mata el lucimiento porque está muy próximo a la vanidad y al desprecio. Debe ser muy moderado para que no sea torpe. Su exceso no es bien visto por los prudentes. A veces es, sobre todo, una elocuencia muda, mostrar como con descuido la perfección. Disimular con sabiduría es el alarde de más aplau-

so: la misma privación pica la curiosidad en lo más vivo. Es una gran habilidad no descubrir toda la perfección de una vez, sino describirla con pequeños indicios e ir siempre aumentándola. Una buena cualidad debe ser el acicate de otra mayor; y el aplauso de una, la expectación de las otras.

278 *No llamar nunca la atención.* Si las virtudes lo hacen, incluso ellas se verán como defectos. La singularidad siempre ha sido mal vista: el «singular» se queda solo. Si la hermosura sobresale, se convierte en descrédito: si atrae la atención, ofende, ¡mucho más si se trata de peculiaridades de mala fama! Pero algunos desean ser conocidos hasta por sus vicios: buscan originalidad en lo ruin para conseguir una fama infame. Incluso en lo relativo a la inteligencia el exceso degenera en hablar por hablar.

279 *No responder a quien nos contradice.* Hay que distinguir si es por astucia o por torpeza. No siempre es obstinación, sino a veces artimaña. Cuidado para no comprometerse en una, ni caer en otra. Los espías le sacan mucho partido. Contra esta ganzúa de nuestra intimidad la mejor defensa es cerrar por dentro con la llave del silencio.

280 *Hombre de buena ley.* Ya nadie actúa correctamente, nadie cumple las obligaciones, nadie es agradecido. Todos dan el peor pago al mejor trabajo. Naciones enteras son propensas a maltratar: se teme la traición en unos, la inconstancia en otros, y el engaño en otros. Esta falta de agradecimiento no hay que imitarla: es una invitación a la cautela. Uno se arriesga a perder la rectitud cuando ve el comportamiento ruin. Pero el hombre de ley nunca se olvida de quién es, hagan lo que hagan los demás.

281 *La aprobación de los inteligentes.* Se valora más el tibio *sí* de un gran hombre que el aplauso de la gente: los eructos groseros no dan aliento. Los sabios hablan con inteligencia, por eso su elogio produce una satisfacción inmortal. El juicioso Antígono redujo todo el teatro de su fama únicamente a Zenón.[34] Platón llamaba toda su escuela a Aristóteles. Algunos solo aspiran a llenarse de algo, aunque sea de aplauso vulgar. Hasta los reyes necesitan a los escritores: temen más sus plumas que las feas los pinceles del retratista.

34. Antígono I Gonatas (320-239 a. C.), rey de Macedonia. Zenón de Citio (335-264 a. C.), filósofo griego fundador de la escuela estoica.

282 *Utilizar la ausencia* para ganar respeto o estima. Si la presencia disminuye la fama, la ausencia la aumenta: quien, ausente, fue considerado un león, cuando estuvo presente fue el ridículo parto de los montes. Las cualidades se deslustran con la familiaridad, porque se ve la corteza exterior antes que el profundo bagaje interior. La imaginación va por delante de la vista. El engaño entra generalmente por los oídos, pero sale por los ojos. El que con fama se retira la conserva: hasta el ave fénix se vale de la ausencia para ganar respeto y aprecio.

283 *Tener inventiva, pero controlada*. La inventiva revela un gran ingenio, pero ¿quién lo tendrá sin un poco de locura? La inventiva pertenece a los ingeniosos; la buena elección, a los prudentes. La inventiva también es un don natural pero más raro: muchos saben elegir, pero pocos inventar adecuadamente. Estos son los primeros en excelencia y tiempo. La novedad agrada, y si tiene éxito, es doblemente buena. Cuando hay que decidir es peligrosa por paradójica, pero en lo relativo al ingenio es loable. Si es acertada en los dos casos, es digna de aplauso.

284 *No ser entrometido*, y uno no será desairado. Para ser estimado hay que estimarse. Mejor avaro que pródigo de sí mismo: se le recibirá bien si se le ha deseado. No venir nunca, sino ser llamado; no ir nunca, sino ser enviado. El que se arriesga por iniciativa propia recoge todo el odio sobre sí, si sale mal, pero si sale bien, se queda sin agradecimiento. El entrometido es el centro del desprecio: se presenta con impertinencia, por lo que se le despide con confusión.

285 *No perecer por la desgracia ajena.* Conviene conocer al que tiene graves problemas y saber que nos llamará insistentemente para encontrar consuelo a su desgracia, que ahora será de los dos. Buscan quien los ayude a sobrellevar la desdicha: los que antes les daban la espalda ahora les dan la mano. Con los que se están ahogando se necesita mucho tiento para ayudarlos sin peligro.

286 *No contraer ni desmedidas deudas de gratitud, ni con cualquiera*: eso sería ser esclavo, y serlo de todos. Unos nacieron con más suerte que otros: unos para hacer el bien y otros para recibirlo. La libertad es más preciosa que la dádiva, porque se pierde con ella. Es mejor que dependan muchos de uno mismo que no depender uno mismo de otro. El poder no tiene otra ventaja que poder hacer más bien. Sobre todo, no hay que considerar que nos hacen un favor cuando aceptamos una obligación, como suelen pretender astutamente los demás.

287 *No actuar nunca apasionadamente*: todo saldrá mal. Quien no está en sus cabales no debe actuar: la pasión siempre destierra a la razón. Es útil un tercero prudente; lo será en la medida en que sea desapasionado: los que miran siempre ven más que los que juegan, porque no se apasionan. Cuando uno se sienta alterado, la cordura tocará retirada. Así, ni se encenderá la sangre por completo, ni todo se hará de modo sangriento: en solo un momento daría materia para abundantes comentarios, mientras queda confuso muchos días.

288 *Adaptarse a la ocasión*. Dirigir, pensar, todo debe ser oportuno. Hay que decidirse cuando se puede, pues la ocasión no espera a nadie. En la vida no hay que servirse de generalidades, a no ser por virtud. La voluntad no tiene leyes precisas: el agua que hoy se rechaza mañana se beberá. Algunos son tan paradójicamente impertinentes que pretenden que todas las circunstancias del éxito se ajusten a su manía particular, y no al revés. Pero el sabio conoce bien dónde está el prudente norte: en adaptarse a la ocasión.

289 *El mayor defecto de un hombre*: demostrar las flaquezas del hombre. Dejan de tenerle por divino el día que lo ven muy humano. La frivolidad es lo más opuesto a la reputación. Igual que al hombre prudente se le tiene por más que humano, al frívolo por menos. Ningún defecto desautoriza más, porque la frivolidad se opone de frente a la respetabilidad. El hombre frívolo no tiene sustancia, especialmente si es anciano, pues la edad le obliga a ser prudente. Aunque muchos tienen este defecto, no por eso deja de ser un defecto singular.

290 *El fracaso está en unir aprecio y afecto.* No hay que ser muy querido para poder conservar el respeto. El amor es más atrevido que el odio. El afecto y el respeto no hacen buenas migas. Lo mejor es no ser ni muy temido, ni muy querido. Con el amor llega la familiaridad y se despide la estima. Hay que ser amado apreciativamente más que afectivamente, pues así se aman las verdaderas personas.

291 *Saber probar a los demás.* Se necesita una observación juiciosa y una prudente reserva. Se requiere gran juicio para medir el de otros. Es más importante conocer los temperamentos y las características de las personas que los de las hierbas y las piedras. Esta es una de las cosas más sutiles de la vida: los metales se conocen por el sonido; y las personas, por lo que dicen. Las palabras demuestran la rectitud, pero los hechos mucho más aún. Se necesitan, en grado sumo, reflexión, observación y capacidad crítica.

292 *Las cualidades personales deben superar las obligaciones del cargo*, y no al revés. Por elevado que sea el puesto, hay que demostrar que la persona es superior. En los diferentes cargos una capacidad ampliamente dotada crece y se luce más. Un corazón pequeño se llenará fácilmente: las obligaciones acabarán rompiendo la reputación. El emperador Augusto se tenía por un gran hombre antes que por príncipe. En esto es útil el ánimo elevado y la prudente confianza en uno mismo.

293 *La madurez*. Es muy obvia en el exterior, pero mucho más en las costumbres. El oro vale más según su peso, y la persona según el peso moral: es la dignidad de las cualidades, y causa respeto. La compostura de la persona es la fachada del alma. No es una necedad casi inmutable, como dicen los frívolos, sino una autoridad muy sosegada. Su habla es sentenciosa y su comportamiento, acertado. Revela una persona muy hecha: se tiene tanto de persona como de madurez. Uno comienza a ser grave y maduro cuando deja de portarse como un niño.

294 *Moderación al juzgar*. Cada uno piensa como le conviene y adorna con razones sus opiniones caprichosas. La mayoría de la gente antepone el afecto al recto juicio. Cuando dos mantienen pareceres contrarios, cada uno piensa tener de su parte la razón. Pero

ella es fiel y nunca supo tener dos caras. El sabio debe actuar con cautela en un asunto tan delicado. Su recelo corregirá la opinión inicial sobre el comportamiento ajeno. A veces se pondrá en el lugar del otro, y examinará los motivos del contrario. Así, ni le condenará ni se justificará a sí mismo tan ciegamente.

295 *No presumir, sino hacer*. Se fingen muy ocupados los que no tienen en qué. Lo convierten todo en misterio sin ninguna gracia: son camaleones que se alimentan de aplausos, provocando mucha risa. Si la vanidad siempre causó enfado, aquí risa: las hormiguitas del honor van mendigando hechos. El sabio no debe hacer ostentación ni de sus más importantes cualidades: hay que contentarse con hacer y dejar para otros el hablar. Que haga cosas, pero que no las pregone. No hay que alquilar una pluma de oro para que escriba sucias mentiras que nadie cree. Mejor es aspirar a ser un héroe que aspirar únicamente a parecerlo.

296 *Persona de grandes y majestuosas cualidades*. Las grandes cualidades hacen a los hombres grandes. Una sola de ellas equivale a una pluralidad mediocre. Hubo quien gustaba de que todas sus cosas fuesen grandes, hasta los objetos usuales. ¡Cuánto más debe procurar el gran hombre que sus cualidades también lo sean! En Dios todo es infinito e inmenso. De igual modo, en un

gran hombre todo debe ser grande y majestuoso: sus acciones y pensamientos irán revestidos de una trascendente y grandiosa majestad.

297 *Actuar siempre como si nos vieran*. El prudente considera que le miran o que le mirarán. Sabe que las paredes oyen y que lo mal hecho acaba saliendo a la luz. Aunque esté solo, actúa como si todo el mundo le viera, porque sabe que todo se sabrá. Mira ya como testigos a los que, cuando se enteren, lo serán después. Quien desea que todos lo vean no se preocupa de que desde fuera le puedan observar en su casa.

298 *Tres cosas hacen un prodigio*, y todas son el mayor regalo de la Suma Generosidad: rico ingenio, juicio profundo y un buen gusto. Imaginar adecuadamente es una gran ventaja, pero lo es mayor pensar correctamente y tener un entendimiento del bueno. El ingenio no debe estar en el esfuerzo: sería más laborioso que agudo. Pensar bien es el resultado de la racionalidad. A los veinte años reina la voluntad; a los treinta, el ingenio; a los cuarenta, el juicio. Hay entendimientos que desprenden luz como los ojos del lince: piensan mejor en la mayor oscuridad. Los hay de ocasión: siempre se dan con lo más a propósito. Reciben mucho y bien: una fecundidad felicísima. Pero un buen gusto da sal a toda la vida.

299 *Dejar con hambre a los demás*. Hay que dejar con la miel en los labios. El deseo es la medida de la estimación. Es bueno paliar la sed física, pero no saciarla: lo bueno, si poco, es dos veces bueno. Se pierde mucho en la segunda vez. Las grandes dosis de agrado son peligrosas, porque conducen al desprecio de lo mejor. La única regla para agradar: coger el apetito con hambre. Es más estimulante un deseo impaciente que un hartazgo de placer. Se disfruta el doble de la felicidad difícil de conseguir.

300 *En una palabra: virtuoso, pues lo resume todo.* La virtud es la cadena de todas las perfecciones, es el centro de la felicidad. La virtud convierte al hombre en prudente, discreto, sagaz, cuerdo, sabio, valeroso, moderado, íntegro, feliz, digno de aplauso, verdadero, es decir, un gran hombre en todo. Tres eses traen la dicha: santo, sano y sabio. La virtud es el sol del pequeño mundo llamado hombre; el hemisferio es la buena conciencia. La virtud es tan hermosa que consigue la gracia de Dios y la de la gente. Nada hay que amar más que la virtud, ni nada es tan aborrecible como el vicio. La virtud es cosa de veras, y de burlas todo lo demás. Hay que medir la capacidad y la grandeza por la virtud y no por la suerte. La virtud se basta a sí misma. Ella hace al hombre digno de ser amado, cuando vive, y memorable, una vez muerto.

Aforismos

1. *Hoy todo ha logrado la perfección, pero ser una auténtica persona es la mayor.*
2. *Carácter e inteligencia.*
3. *Manejar los asuntos con expectación.*
4. *El saber y el valor contribuyen conjuntamente a la grandeza.*
5. *Hacerse indispensable.*
6. *Estar en el culmen de la perfección.*
7. *Evitar las victorias sobre el jefe.*
8. *No apasionarse: la señal del más elevado espíritu.*
9. *Eludir los defectos de su nación.*
10. *Fortuna y fama.*
11. *Tratar con quien se pueda aprender.*
12. *Naturaleza y arte, materia y elaboración.*
13. *Obrar con intención, con primera y con segunda intención.*
14. *El fondo y la forma.*
15. *Tener inteligencias auxiliares.*
16. *Saber con recta intención.*
17. *Variar de estilo al actuar.*
18. *Aplicación y capacidad.*

19. *No comenzar con demasiada expectación.*
20. *Ser hombre de su época.*
21. *El arte de la suerte.*
22. *Ser hombre de agradable y jugosa conversación.*
23. *No tener un defecto.*
24. *Moderar la imaginación.*
25. *Ser buen entendedor.*
26. *Encontrar el punto débil de cada uno.*
27. *Mejor lo intenso que lo extenso.*
28. *No ser vulgar en nada.*
29. *Tener entereza.*
30. *No dedicarse a ocupaciones desacreditadas.*
31. *Conocer a los afortunados, para escogerlos; y a los desdichados, para rechazarlos.*
32. *Tener fama de complaciente.*
33. *Saber apartarse.*
34. *Conocer su mejor cualidad.*
35. *Sopesar las cosas.*
36. *Tantear su suerte.*
37. *Conocer las insinuaciones y saber usarlas.*
38. *Saber retirarse cuando se está ganando.*
39. *Conocer cuándo las cosas están en su punto, en su sazón, y saber disfrutarlas.*
40. *Don de gentes.*
41. *Nunca exagerar.*
42. *La natural capacidad de mando.*
43. *Sentir con los menos y hablar con los más.*
44. *Simpatía con los grandes hombres.*
45. *Usar, y no abusar, de las segundas intenciones.*
46. *Corregir su antipatía.*
47. *Huir de los asuntos difíciles y peligrosos.*
48. *Cuanto mayor fondo tiene el hombre, tanto tiene de persona.*

49. *Ser hombre juicioso y observador.*
50. *Nunca perderse el respeto a sí mismo.*
51. *Saber elegir.*
52. *Nunca perder la compostura.*
53. *Ser diligente e inteligente.*
54. *Tener valor y prudencia.*
55. *Saber esperar.*
56. *Tener buenas improvisaciones.*
57. *Más seguros son los reflexivos.*
58. *Saber adaptarse.*
59. *Salir con buen pie.*
60. *Buen juicio.*
61. *Eminencia en lo mejor.*
62. *Contar con buenos colaboradores.*
63. *La excelencia de ser el primero.*
64. *Ahorrarse disgustos.*
65. *Un gusto excelente.*
66. *Cuidado para que salgan bien las cosas.*
67. *Preferir las ocupaciones de reconocido prestigio.*
68. *Hacer que comprendan.*
69. *No rendirse a los malos humores.*
70. *Saber negar.*
71. *No ser desigual, de proceder anómalo.*
72. *Ser decidido.*
73. *Saber usar evasivas.*
74. *No ser intratable.*
75. *Elegir un modelo elevado.*
76. *No estar siempre de broma.*
77. *Saber adaptarse a todos.*
78. *Comenzar con pies de plomo.*
79. *Carácter jovial.*
80. *Cautela al informarse.*
81. *Renovar el lucimiento.*

113. *Prepararse en la buena suerte para la mala fortuna.*
114. *Nunca competir.*
115. *Acostumbrarse a las malas condiciones de los que nos rodean.*
116. *Tratar siempre con gentes de principios.*
117. *Nunca hablar de sí.*
118. *Ganar fama de cortés.*
119. *No hacerse odiar.*
120. *Ser práctico en la vida.*
121. *No convertir en ocupación lo que no lo es.*
122. *Señorío al hablar y al actuar.*
123. *Hombre sin afectación.*
124. *Llegar a ser deseado.*
125. *No ser un registro de faltas ajenas.*
126. *No es necio el que hace la necedad, sino el que, una vez hecha, no la sabe encubrir.*
127. *Carisma en todo.*
128. *Grandeza de ánimo.*
129. *Nunca quejarse.*
130. *Hacer y aparentar.*
131. *Condición galante.*
132. *Pensarlo dos veces.*
133. *Antes loco con todos que cuerdo a solas.*
134. *Duplicar los recursos necesarios en la vida.*
135. *No tener espíritu de contradicción.*
136. *Enterarse de los asuntos.*
137. *El sabio se bastará a sí mismo.*
138. *El arte de dejar estar las cosas.*
139. *Conocer el día aciago.*
140. *Encontrar inmediatamente lo bueno de cada cosa.*
141. *No escucharse uno mismo.*
142. *No seguir nunca, por obstinación, el peor partido.*

143. *No convertirse en extravagante para escapar de la vulgaridad.*
144. *Empezar con la conveniencia ajena para salirse con la suya.*
145. *No descubrir el dedo malo.*
146. *Mirar por dentro.*
147. *No ser inaccesible.*
148. *Poseer el arte de conversar.*
149. *Saber desviar a otros los males.*
150. *Saber vender sus cosas.*
151. *Pensar por adelantado.*
152. *No acompañarse nunca de alguien que le pueda deslucir.*
153. *Evite llenar las vacantes de importancia.*
154. *Ni creer ni querer fácilmente.*
155. *Arte al apasionarse.*
156. *Elegir a los amigos.*
157. *No engañarse sobre la condición de las personas.*
158. *Saber valerse de los amigos.*
159. *Saber sufrir a los necios.*
160. *Hablar con prudencia.*
161. *Conocer los dulces defectos.*
162. *Saber vencer la envidia y la malevolencia.*
163. *Nunca se debe incurrir en el rechazo del afortunado por compasión del desgraciado.*
164. *Divulgar algunas cosas.*
165. *Tener juego limpio.*
166. *Saber distinguir al hombre de palabras del hombre de hechos.*
167. *Saber ayudarse.*
168. *No convertirse en un monstruo de estupidez.*
169. *Es más importante no errar ni una vez que acertar cien veces.*

170. *Tener reservas en todas las circunstancias.*
171. *No malgastar los apoyos.*
172. *No competir con quien no tiene qué perder.*
173. *No ser de cristal en el trato con los demás.*
174. *No vivir deprisa.*
175. *Ser persona de sustancia.*
176. *Saber escuchar a quien sabe.*
177. *Evitar familiaridades en el trato.*
178. *Creer al corazón.*
179. *La reserva es la marca de la inteligencia.*
180. *No regirse nunca por lo que el enemigo debería hacer.*
181. *Sin mentir, no decir todas las verdades.*
182. *Un poco de audacia con todos es una importante prudencia.*
183. *No ser testarudo.*
184. *No ser muy ceremonioso.*
185. *No arriesgar la reputación de una sola vez.*
186. *Conocer los defectos.*
187. *Hacer uno mismo todo lo que agrada a los demás; por terceros, lo que les disgusta.*
188. *Elogiar a los ausentes.*
189. *Valerse de la privación ajena.*
190. *Encontrar consuelo en todo.*
191. *No contentarse con el exceso de cortesía.*
192. *El hombre pacífico tiene larga vida.*
193. *Atención con quien empieza con la conveniencia ajena para salirse con la suya.*
194. *Tener una idea exacta de sí mismo y sus posibilidades.*
195. *Saber estimar.*
196. *Conocer su buena estrella.*
197. *No relacionarse nunca con necios.*

198. *Saber trasplantarse.*
199. *Ganar la estima con prudencia.*
200. *Tener algo que desear.*
201. *Tontos son todos los que lo parecen y la mitad de los que no lo parecen.*
202. *Dichos y hechos hacen al hombre perfecto.*
203. *Conocer a los hombres eminentes de su época.*
204. *Hay que comenzar lo fácil como si fuera difícil y lo difícil como si fuera fácil.*
205. *Saber utilizar el desprecio.*
206. *Saber que hay gente vulgar en todas partes.*
207. *Tener autocontrol.*
208. *No padecer la enfermedad del necio.*
209. *Librarse de las necedades comunes.*
210. *Saber usar la verdad.*
211. *En el cielo todo es contento, en el infierno todo es pesar.*
212. *Guardarse siempre los últimos recursos de su arte.*
213. *Saber llevar la contraria.*
214. *No multiplicar por dos una necedad.*
215. *Atención a quien viene con segunda intención.*
216. *Ser claro.*
217. *Ni amar ni odiar eternamente.*
218. *No actuar nunca por terquedad, sino por prudente reflexión.*
219. *No ser tenido por astuto.*
220. *Si uno no puede ponerse la piel de león, póngase la de zorro.*
221. *No ser impertinente.*
222. *El detenimiento es una señal de prudencia.*
223. *No singularizarse demasiado.*
224. *Saber cómo tomar las cosas.*
225. *Conocer su peor defecto.*

226. *Ganarse la voluntad ajena.*
227. *No dejarse llevar de la primera impresión.*
228. *No ser murmurador.*
229. *Saber repartir su vida con sabiduría.*
230. *Abrir los ojos a tiempo.*
231. *No enseñar nunca las cosas a medio hacer.*
232. *Ser un poco negociante.*
233. *No fallarle al gusto ajeno.*
234. *No confiar a otro la reputación sin tener la suya como garantía.*
235. *Saber pedir.*
236. *Convertir los premios en deudas de gratitud.*
237. *No compartir secretos con el superior.*
238. *Saber qué cualidad falta.*
239. *No ser resabido.*
240. *Saber aparentar ignorancia.*
241. *Soportar las bromas, pero no gastarlas.*
242. *Apurar la victoria.*
243. *No ser solo paloma.*
244. *Saber crear deudas de gratitud.*
245. *En ocasiones, razonar de forma inusual.*
246. *No dar nunca satisfacción a quien no la pedía.*
247. *Saber un poco más y vivir un poco menos.*
248. *No ser del último que llega.*
249. *No empezar a vivir por donde hay que terminar.*
250. *¿Cuándo hay que razonar al revés?*
251. *Hay que usar los medios humanos como si los divinos no existieran, y los divinos como si no existieran los humanos.*
252. *Ni del todo para sí ni del todo para los demás.*
253. *No explicar las ideas con demasiada claridad.*
254. *No despreciar los males porque sean pequeños.*
255. *Saber hacer el bien.*

256. *Ir siempre prevenido.*
257. *No llegar nunca a la ruptura.*
258. *Buscar quien le ayude a sobrellevar las desgracias.*
259. *Anticiparse a los agravios y convertirlos en favores.*
260. *No será de nadie por completo ni tendrá a nadie del todo.*
261. *No seguir adelante con la necedad.*
262. *Saber olvidar.*
263. *No poseer en propiedad muchas de las cosas que gustan.*
264. *No descuidarse nunca.*
265. *Saber enfrentar a los subordinados a situaciones difíciles.*
266. *No ser malo por demasiado bueno.*
267. *Palabras de seda, con suavidad de carácter.*
268. *El prudente hace a tiempo lo que el necio a destiempo.*
269. *Sacar partido a su novedad.*
270. *No ser el único en criticar lo que les gusta a muchos.*
271. *El que sabe poco debe atenerse siempre a lo más seguro de cada oficio.*
272. *Vender las cosas a precio de cortesía.*
273. *Comprender los temperamentos de la gente con quien se trata.*
274. *Tener atractivo.*
275. *Corriente, pero no indecente.*
276. *Acompañar de esfuerzo el natural cambio de carácter.*
277. *Saber lucirse.*
278. *No llamar nunca la atención.*
279. *No responder a quien nos contradice.*
280. *Hombre de buena ley.*
281. *La aprobación de los inteligentes.*

282. *Utilizar la ausencia.*
283. *Tener inventiva, pero controlada.*
284. *No ser entrometido.*
285. *No perecer por la desgracia ajena.*
286. *No contraer ni desmedidas deudas de gratitud, ni con cualquiera.*
287. *No actuar nunca apasionadamente.*
288. *Adaptarse a la ocasión.*
289. *El mayor defecto de un hombre.*
290. *El fracaso está en unir aprecio y afecto.*
291. *Saber probar a los demás.*
292. *Las cualidades personales deben superar las obligaciones del cargo.*
293. *La madurez.*
294. *Moderación al juzgar.*
295. *No presumir, sino hacer.*
296. *Persona de grandes y majestuosas cualidades.*
297. *Actuar siempre como si nos vieran.*
298. *Tres cosas hacen un prodigio.*
299. *Dejar con hambre a los demás.*
300. *En una palabra: virtuoso, pues lo resume todo.*

AUSTRAL

www.planetadelibros.com.mx